黄金操盘高手

实战交易技巧

李生论金◎著

中国铁道出版社有限公司
CHINA RAILWAY PUBLISHING HOUSE CO., LTD.

内 容 简 介

本书核心内容是“黄金口诀交易法、阻力支撑判断法”，详细介绍亚、欧、美盘之间的关联，前日行情强弱对次日交易的影响、拐点行情的把控及中长线的布局，用图文结合的方式直观、真实地展现了口诀交易方法的魅力所在。

本书对资金风险管理的把控、仓位管理的安排做了样本化的解读。详细介绍了“成功率、盈利率与执行率”这三者之间的关联，以及“数据、技术与心态”这三者之间的平衡，被称之为“双奔驰理论”。

同时，针对中小投资者对黄金投资认识欠缺、对杠杆交易风险意识不足和专业知识与投资技巧上的匮乏，本书详细解读了投资者在交易当中的误区、基本面对价格的影响以及技术层面的判断方法。

无论是新手投资者对基础知识的学习与认识，还是交易一段时间的投资者对交易系统的建立、交易方法的确定、交易技巧的把握，都能够通过本书的内容获得需要的投资参考。

图书在版编目（CIP）数据

黄金操盘高手实战交易技巧 / 李生论金著 . —北京：中国铁道出版社，2019. 6（2025.11 重印）

ISBN 978-7-113-25476-6

Ⅰ. ①黄… Ⅱ. ①李… Ⅲ. ①黄金市场 - 投资 - 基本知识 Ⅳ. ① F830. 94

中国版本图书馆 CIP 数据核字（2019）第 020898 号

书　　名：黄金操盘高手实战交易技巧

HUANGJIN CAOPAN GAOSHOU SHIZHAN JIAOYI JIQIAO

作　　者：李生论金

责任编辑：张亚慧　**编辑部电话：**（010）51873035　**电子邮箱：**lampard@vip.163.com

封面设计：MXK DESIGN STUDIO

责任印制：赵星辰

出版发行：中国铁道出版社有限公司（100054，北京市西城区右安门西街 8 号）

印　　刷：河北燕山印务有限公司

版　　次：2019 年 6 月第 1 版　　2025 年 11月第 8 次印刷

开　　本：710 mm×1 000 mm 1/16　**印张：**15　**字数：**230 千

书　　号：ISBN 978-7-113-25476-6

定　　价：55. 00 元

前　言

坚持，只是因为热爱。

我常说："热爱一个行业，是从骨子里的喜欢，热爱一件事情，是在梦里的遇见。"从锋芒毕露到沉着冷静，市场会教会所有人理性面对市场。

金融市场，本就是财富重新分配的地方，用钱换经验或用经验变现，不是早来的人赚晚来人的钱，而是明白人赚糊涂人的钱。每个投资者都会经历从无知无畏的"不怕"，到资金缩水时的"怕"，再到自我修炼成长面对市场的"不怕"。

大部分投资者认为，投资市场上只需要做对两件事情：一、跟对人；二、做对事。但我并不这么认为，我认为比这两件事更重要的是管理好资金、控制好情绪。一个没有硝烟的战场，只有运筹帷幄，才能决胜于千里之外。

市场中的多数投资者，没有接受过正规的金融类投资教育及专业的交易训练，没有时间和精力去研究关于技术分析、基本面、风险管理等方面的书籍，经常用自己的真金白银检验早已被证明错误的交易方式。过去几年当中，我发现资金越小的投资者越不是真正地参与市场投资，而是想着发财和一夜暴富。

经受住市场考验的投资者明白，持续稳健盈利是最难的。大部分投资者的痛苦，都是不肯面对亏损的结果，执着地不肯放手。方向错了，越努力越糟糕。如何才能稳定盈利？怎样才能持续盈利？本书的黄金口诀交易法将告诉投资者如何实现持续稳定的盈利。

经常有人问我一些有关投资交易的方法或技巧，我不断地免费把我的投资经验分享给他们，并通过视频课程、线下培训、在线直播等形式讲授我的投资经验。我试图通过自己的投资经历和投资经验，让他们少走一些弯路，规避一些在交易中的"雷区"，使其能够尽快树立正确的投资理念。

黄金操盘高手实战交易技巧

不断有人建议我写一本书，系统地介绍我的投资经验。3 年前我开始着手写这本书，写书耗时之长、费力之巨远远超出我的想象力，所幸最终我咬牙坚持完成了这项“几乎不可能完成的工作”。

黄金投资为何受到避险资金的追捧？哪些是交易中绝对不能踩的“雷”？如何用别人的经验为自己规避风险？数据与基本面对金价的影响如何？地缘政治风险下的黄金将何去何从？这些问题在书中都能找到答案。

本书核心内容是“黄金口诀交易法、阻力支撑判断法”，详细介绍亚、欧、美盘之间的关联，前日行情强弱对次日交易的影响、拐点行情的把控及中长线的布局，用图文结合的方式直观、真实地展现了口诀交易方法的魅力所在。

同时，针对中小投资者对黄金投资认识欠缺、对杠杆交易风险意识不足和专业知识与投资技巧上的匮乏，本书详细解读了投资者在交易当中的误区、基本面对价格的影响以及技术层面的判断方法。

巴菲特曾说，交易的第一条原则是保住本金，第二条原则与第一条一样。“任何不试图保住本金的投资，都是败家，任何为了本金而过度情绪化的交易，终将是输家。”本书对资金风险管理的把控、仓位管理的安排做了样本化的解读。详细介绍了“成功率、盈利率与执行率”这三者之间的关联，以及“数据、技术与心态”这三者之间的平衡，被称为“双奔驰理论”。

无论是新手投资者对基础知识的学习与认识，还是交易一段时间的投资者对交易系统的建立、交易方法的确定、交易技巧的把握，都能够通过本书的内容获得需要的投资参考。

由于水平有限，书中难免出现疏漏甚至错误之处，希望广大读者谅解并予以指正。读者可在我的微信公众号“李生论金”中留言，我愿意和读者交流、共同学习与成长。

股市有风险，投资需谨慎。衷心希望每位读者借由股市实现资产增值并实现财务自由。

编　者

2019 年 3 月

目 录

第 1 章

在黄金市场中，投资现货黄金

黄金是一种古老的货币，一直存在于人们的生活中，如今，黄金除扮演等价物与资产储备的角色之外，还是一个非常重要的投资工具，而众多的黄金投资品种中，现货黄金是最受投资者欢迎的投资品种之一。

在学习分析策略与投资策略之前，本章先介绍黄金市场的现状，以及现货黄金的投资现状和投资特点。

本章导读：

- 身份与权力的象征——黄金
- 黄金的金融、商品、货币属性
- 黄金交易的参与者与我国黄金交易市场
- 黄金市场中的投资品种和投资特点
- 黄金投资中的现货黄金与交易市场
- 投资者需要了解的专业术语和交易规则
- 现货黄金投资的八大特点

1.1 身份与权力的象征——黄金

黄金，其实人们并不陌生，中国有一句老话："盛世买古董，乱世买黄金。"古董可以代表一个国家乃至世界的经济繁荣指数，经济繁荣到什么样的程度，就能把古董的价格抬到什么样的高度，而黄金代表一个国家乃至世界的安全指数。比如：2010 年之前，在金融危机的助推，以及美联储缩减量化宽松政策的影响下，黄金由 700 美元 / 盎司飙升到了 1920 美元 / 盎司的历史性高点。

由于黄金价值的永恒性和稳定性，作为实物资产即成为货币资产的理想替代品，发挥保值的功能。"盛世买古董，乱世买黄金"的传统智慧已延续千年，黄金在乱世成为逃难、避灾、安身立命的最佳选择。

黄金地位的历史演变：

黄金，代表着权力，是世界性支票，拥有黄金的储备量，是一个国家实力的象征，黄金是一种特殊的金属，它散发着太阳般的光芒，在自然界具有超出所有金属的稳定化学属性，它因产量稀少而供不应求，全世界都曾经为之疯狂，黄金是人类认识最早的金属。

古埃及人曾把黄金比喻成可以延续生命的神圣之物，而古代为黄金征战四方的故事也屡见不鲜。同时，黄金也为帝王所喜爱、所独享，古代中国的皇帝大家都知道，坐在金漆雕龙的宝座上治理天下，皇帝每天讲的话被尊为"金口玉言"，皇帝死后下葬的时候，还要身穿金缕玉衣，在中国历史中，唐朝是一个金色而且狂欢的时代，唐朝皇室和贵族的日常用品，都是由黄金打造的。

为此，唐朝还专门设立了名为"文思院"的皇家作坊，负责打造宫廷所需要的金银器物，在皇权至上的时代，由于帝王对黄金的宠爱，甚至自上而下，潜移默化地影响了老百姓的思维和行为方式，比如在民间也有俗语"惜玉良言”“浪子回头金不换”等，一种金属能够影响到个人乃至一个民族的语言文化，可见它对人们的影响有多深。

不过，在对待黄金的态度上，欧洲的希腊人更早具有了理性的态度和忧患意识。最广为流传的一句话便是“黄金是宙斯之子，蛀虫和铁锈都无法侵蚀它，但是人的灵魂，却被这至高无上的财富侵蚀”。

对财富的占有是人类的天性，即使是今天的人们，就如同大量购买房子、进入股市，乃至对黄金的收藏，都体现了对财富的欲望，而人类衡量财富的标准一开始并不是黄金，经过长期的实践和摸索，人们逐渐发现金属的化学属性比较稳定，更容易保存和流通，是最为理想的交换媒介，所以大部分的国家都开始选择黄金、白银作为自己铸造货币的原材料，马克思曾说过“金银天然不是货币，但货币天然就是金银”。

当黄金成为货币，对财富的渴求，激起了人类无穷的欲望，人们前赴后继地为了黄金而来，得到更多黄金的愿望灌注在社会发展的每一步当中，黄金的魅力甚至强大到能够改变一个国家的命运，它就像魔鬼一样，可以使一个强盛的国家转瞬之间被摧毁。

比如迦太基，为了黄金，最后连同他们的文字、人民永远地从地球上消失了；印加也是传说中的黄金帝国，擅长黄金的冶炼和加工，当印加进入全盛时期的时候，正是因为弥漫着整个黄金的气息，最后引来了西班牙人的入侵，屠杀与掠夺使印加帝国与它的灿烂文明从此消失，也应了一句古话，“水能载舟亦能覆舟”。

黄金，曾是腐朽人类的最后堕落；黄金曾经改变了人类社会的权力结构，以至于人们担心，有一天人类会被黄金彻底地控制；黄金一直以来承载着人类的梦想和荣耀，又见证了人类的仇恨和贪婪，它激发了人类成就伟大的雄心，也诱惑出隐藏在人们心底的罪恶；黄金就是这样一个矛盾体，让人类痴迷，也让人类困惑，我们该如何面对这样一种由人类培育了多年的“金属”？对我们个人、国家乃至世界，黄金存在的价值和意义究竟是什么？

在更多时候，黄金等同于权力。

漫长的历史中，君主和国王的统治存在了几千年，这些君主或国王为了稳固地位，除拥有强大的军队和封闭的制度外，还需要用黄金等财富去控制他人。显然，黄金和疆土是一样重要的，某种程度上来说，拥有了黄金就拥有了开疆扩土的资本和权力。

到了现代社会，黄金虽然已经剥去了皇权式的神秘和垄断，但是它在人们生活中的地位和作用丝毫没有减少。

今天，虽然黄金扮演的角色已经发生了变化，但是各个国家仍然储备了相当数量的黄金财富，以备不测之需。此外，人们也开始将黄金作为投资理财的一种手段，由此充分展示了这种贵金属非同一般的影响力。有人认为，人类数千年生产的约 14 万吨黄金里，有四成左右作为金融资产，存在于金融领域，另外六成左右则是一般商品，主要用于消费。

近年来，国际经济市场波动较大，直接影响经济的稳定性及投资者对经济的信心，股市下滑，资金有寻求避风港的需求，这也是历史当中黄金充当货币后，受到全球投资者热捧的主要原因。黄金与人们有着密不可分的关联，而现今，关于黄金的货币投资也开始日益俱增。

1.2　黄金的金融、商品、货币属性

黄金的三种属性，使得黄金在市场中的尤为珍贵和重要。

在古埃及文字中的意思为“可以触摸的太阳”，以及在拉丁文中的意思为“曙光”的黄金，是一种特殊的商品，它集金融属性、货币属性和商品属性于一身。黄金非货币化以后虽然不再作为一种货币进行流通，但仍具有重要的金融属性，它的投资保值功能是其他任何一种金融资产都无法比拟的。

在国际政治、经济、金融局势相对稳定时期，黄金的金融属性相对稳定而并不显现，黄金市场与其他资本市场关联度不高，黄金的价格主要取决于黄金的供给和需求，即黄金的商品属性。

而黄金作为名贵金属的一种，曾被人类当做一般等价物流通，随后被人们赋予了其货币的基本属性，流通于国际市场。

1.2.1 黄金的金融属性

“金融属性”与“金融”概念是有所区分的，即金融主要指活动，金融属性主要指性质和功能。

具体来说，金融主要指活动货币的发行、流通和回笼，贷款的发放和收回，存款的存入和提取，以及汇兑的往来等经济活动，也是对现有资源进行重新整合之后，实现价值和利润等效流通的经济活动。

金融属性主要指能够体现资产性这一性质，金融属性需要围绕商品和货币进行定义，是不同商品作为一项资产形式时所具备的共性和差异性特征的具体体现。

“金融”与“金融属性”的概念虽然不同，但是，两者之间相互联系，金融就是资金的融通，随着社会生产力的发展，商品生产和交换的规模逐渐扩大，其过程中就不可避免地产生延期支付和借贷行为。

最开始的时候，延期支付和借贷行为是通过口头承诺或者写借条的形式完成的，当金属货币产生以后，货币就成了延期支付和借贷的直接对象，所以，延期支付和借贷行为等即最原始的金融。

经过社会的不断演化和发展，在经济发达的当代社会，货币已从金属货币发展成为纸币、银行存款、电子汇票等多种虚拟形式，金融活动的对象和范围空前扩大。在金融活动过程中所涉及的各种要素，如资金、信用工具、交易的场所等都属于金融的范畴，都具有金融属性。

许多贵金属如金、银、铜等以及战略物资原油、粮食等，都具有金融属性。这些商品的金融属性主要表现在利用资金流动的规律，即利用金融杠杆进行投资套利。

虽然黄金已经不再作为货币进行流通，但在投资和保值功能上仍体现出较强的金融属性；黄金还可以作为一种能突破地域限制和时空阻隔的国际公认资产，成为各国重要的储备资产和战备资源；黄金还是全球公认的抵御通货膨胀的工具。

1.2.2 黄金的商品属性

黄金本身具有价值，也有一定的使用价值，因而黄金是一种商品。

从西方经济学消费行为理论和商品效用论分析，现代黄金的商品属性如图 1–1 所示。

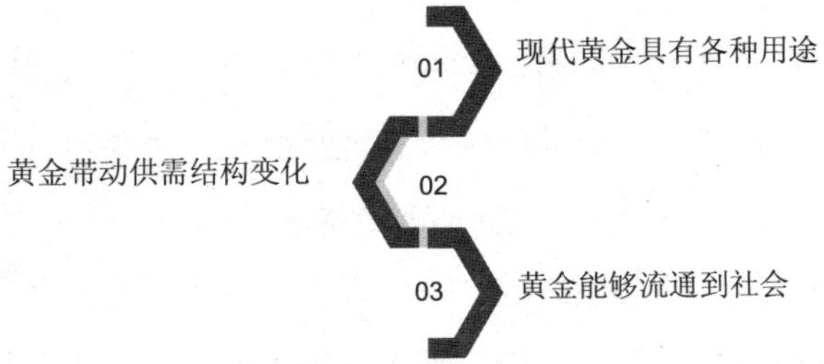

●图 1–1　现代黄金的商品属性

黄金具有价格昂贵且能够进行资源回收的特质，现代黄金具有满足消费者收藏需求的效用，因此饰品和器具是现代黄金的最基本用途，黄金饰品和工业用金的增长是带动黄金供需结构变化的重要力量。

由此黄金便成为社会经济品，即商品。因此，现代黄金具有商品的双重属性，即价值与使用价值的统一。

1.2.3　黄金的货币属性

黄金是美元、欧元、英磅、日元之后被国际接受的第五大结算货币。

19 世纪金本位时期，黄金就成为世界公认的国际性货币，马克思也在《资本论》里写道："金银天然不是货币，但货币天然是金银。"

中国最早的金币出现于战国时代的楚国，而世界上最早的金币可以追溯到公元前七世纪末的西亚。黄金的良好属性使它能够很好地完成最古老的货币职能，即交换媒介、财富储藏、价值尺度、清偿手段，在经济领域受到人们的青睐。

至今，没有任何国际结算货币可以代替黄金，黄金仍然发挥着重要的货币职能，即便在制度层面上的黄金非货币化，但这并不等于黄金已完全失去了货币职能。

1.2.4　黄金在外汇储备中的情况

国家外汇储备是指一国货币当局所持有的、可以用于对外支付的国外可兑换货币，并非所有国家的货币都能充当国际储备资产，只有那些在国际货币体系中占有重要地位，且能自由兑换其他储备资产的货币才能充当国际储备资产。

黄金是外汇储备的重要组成部分，乃是由于它具有储备资产的资质。

黄金储备是指一个国家货币当局持有的、用以平衡国际收支、维持或影响汇率水平、作为金融资产持有的黄金，在稳定国民经济、抑制通货膨胀和提高国际资信等方面有着非常重要的作用。

世界各国政府都会因为财政和国际收支情况，而拥有不同倾向所组成的的外汇储备，这里列出了 2017 年全球黄金储备排名榜，如表 1-1 所示。

表 1-1　2017 年全球黄金储备排名榜（第一名至第十名的国家或组织）

2017 年全球黄金储备排名榜			
排名	国家或组织	储备量（吨）	占外汇比例（%）
第一名	美国	8133.5	24.79
第二名	德国	3381	10.3
第三名	IMF（国际货币基金组织）	2814	8.58
第四名	意大利	2451.8	7.47
第五名	法国	2435.7	7.42
第六名	中国	1808.3	5.51
第七名	俄罗斯	1476.6	4.5
第八名	瑞士	1040	3.17
第九名	日本	765.2	2.33
第十名	新西兰	612.5	1.87

1.3　黄金交易的参与者与我国黄金交易市场

了解黄金交易的参与者，了解我国黄金市场的发展，是投资者进行投资的必备知识储备。

1.3.1　黄金交易的参与者

国际黄金市场的参与者，主要可分为图 1-2 中的 5 类。

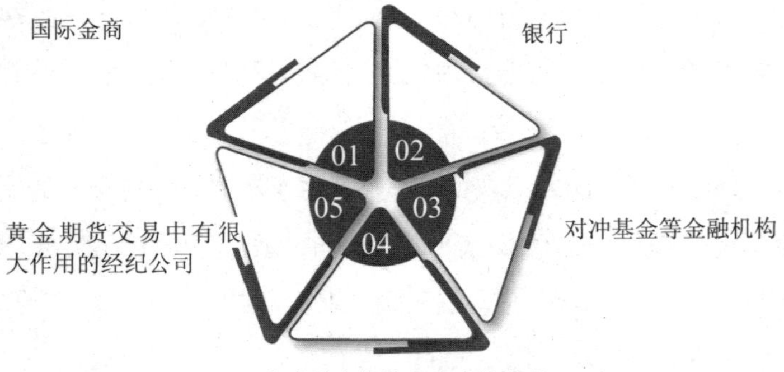

• 图 1-2　国际黄金市场的参与者

1. 国际金商

市场上黄金交易的做市商，最典型的为伦敦黄金市场上的五大金行（汇丰银行、丰业银行、洛希尔银行、德意志银行和共和银行）。

国际金商与各大金矿以及许多金商有广泛的联系，而其下属公司又与许多金店和黄金顾客相联系，所以，国际金商（做市商）可以根据自身掌握的情况，不断报出黄金的买价和卖价。

2. 银行

银行可以分两类：一类是中央银行，另一类是自身不参加黄金买卖的银行。中央银行是黄金市场的特殊参与者，其进行交易不是为了谋取利润，而是为了本国宏观经济政策的贯彻或符合国际协定的要求。

另一种自身不参加黄金买卖的银行则仅仅为客户代行买卖和结算，以苏黎士的三大银行为代表，他们充当生产者和投资者之间的经纪人，在市场上起到中介作用。同时，也有一些做自营业务的银行，如在新加坡黄金交易所里，就有多家自营商会员。

3. 对冲基金等金融机构

对冲基金等金融机构即采用对冲交易手段的金融机构，这种对冲基金的金融机构分布于国际金融市场。

在黄金市场上，几乎每次大的下跌都与基金公司借入短期黄金后，在即期黄金市场抛售和在纽约商品交易所的黄金期贷交易过程中，构筑大量的空仓有关。

4. 各个法人机构和私人投资者

各个法人机构和私人投资者，既包括专门出售黄金的公司，如各大金矿、黄金生产商、专门购买黄金消费的黄金制品商（如各种工业企业）、首饰行以及私人购金收藏者等，又包括专门从事黄金买卖业务的投资公司、个人投资者等。

5. 黄金期货交易中有很大作用的经纪公司

这类经济公司专门代理非交易所会员黄金交易工作，是收取佣金的经济组织，有的交易所将经纪公司称为经纪行。

在纽约、芝加哥、中国香港等黄金市场里，活跃着许多经纪公司，它们本身并不拥有黄金，只是派场内代表在交易厅里为客户代理黄金买卖，收取客户的佣金。

1.3.2 我国黄金交易市场的发展

我国的黄金市场经历了一个漫长的发展过程，这里介绍几个主要的转折点，如表 1-2 所示。

表 1-2 我国黄金市场的主要转折点

时间	重要转折点
20 世纪 30 年代	上海金业交易所曾是远东最大的黄金交易中心，炒金成为流行的投资方式
1963 年年初	我国停止了对金、银饰品加工原料的供应，银行所收购的金、银饰品也不再对外销售
1982 年	我国放开了中断 20 多年的黄金饰品零售市场，中国金币总公司也从这年起开始发行著名的熊猫金币
1993 年	从 1993 年开始，黄金生产企业开始进行市场导向的改革，“统购统配”计划外的黄金交易破土而出，出现一些地方性的黄金交易市场
2002 年 10 月 30 日	上海黄金交易所正式开业，中国黄金市场走向全面开放。2003 年 4 月，人民银行取消了黄金生产、加工、流通审批制，改为工商注册登记制，标志着黄金商品市场的全面开放
2008 年 1 月 9 日	在现货交易蓬勃发展的基础上，2008 年 1 月 9 日，黄金期货正式在上海期货交易所挂牌交易，至此我国黄金市场较为完善的市场体系基本建立

续表

时间	重要转折点
2010 年 7 月	我国六部委联合发布《关于促进黄金市场发展的若干意见》，大力促进中国黄金市场的发展，标志着我国黄金市场的基本框架已经形成，我国黄金市场有着良好的发展基础

我国黄金市场处于起步阶段，仅有商业银行打通了国内外黄金交易的通道，虽然目前不具备成为全球做市商的能力，但是基本框架已经形成，有进一步发展的空间。

1.4 黄金投资品种

黄金市场中有不同的投资品种，同时，也具有五大投资特点。

首先来了解一下黄金投资的现状和分类，黄金投资主要分为以下比较流行的黄金投资形式。

1. 实物黄金

对于黄金投资，投资者首先想到的就是保值的功能，很多人认为手中持有一块黄金，才是应对现在变化莫测的金融环境最好的方式。于是人们进行实物黄金投资，就是买一块黄金并持有，随后进行两种形式的投资。

第一种形式：黄金价格上涨，投资者可以将黄金卖出，获得投资收益。

第二种形式：黄金价格下跌，投资者不用担心，因为黄金不会丢失，所以可以继续持有。

这两种实物黄金投资形式，是现在中国人主要的黄金投资方式。

但是，实物黄金投资方式的缺点也显而易见，实物金通常以 1 ： 1 的形式，即多少货币购买多少黄金保值，只能买涨，不能买跌，投资额大，手续复杂，费用昂贵。

2. 黄金 T+D

黄金 T+D 是指以保证金方式进行交易，会员及客户可以选择合约交易日当天交割，黄金 T+D 也可以延期至下一个交易日进行交割，同时引入延期补偿费机制来平抑供求矛盾的一种现货交易模式。

黄金 T+D 交易采用的是撮合式交易方式，以杠杆 1 ∶ 5 的比例，将交易分为三个时间段，并实行双向买卖。

这类交易方式的缺点是交易不活跃，有溢价产生，虽然可以选择银行，但是银行手续费偏高。

3. 现货黄金

现货黄金（也叫国际现货黄金和伦敦金）是即期交易，指在交易成交后交割或数天内交割。现货黄金实行 T+0 交易模式，杠杆比例比较低，是 1:12.5，并且可双向操作，可买涨买跌，采用 24 小时不间断交易，时间及价格与国际金价市场接轨，是国内唯一采用做市商制度的投资品种。

4. 纸黄金

纸黄金，是国内中、工、建行等特有的业务，以银行为黄金做市商、投资者与银行建立黄金买卖关系。

纸黄金中投资者的买卖交易盈利模式即通过低买高卖，获取差价利润。优点是银行提供，缺点是没有杠杆，费用过高。

5. 期货黄金

期货黄金是指以国际黄金市场未来某时点的黄金价格为交易标的的期货合约，投资人买卖期货黄金的盈亏，是由进场到出场两个时间的金价价差来衡量的，契约到期后则是实物交割。

与股票投资实行 T+1 交易不同的是，期货黄金实行的是 T+0 交易，也就是当天买进当天就可以卖出。

6. 黄金预付款

黄金预付款业务又称为黄金延期业务，延期业务也就是延期交收交易。其交易方式有三点最重要：第一点，现价买卖金条，实物交收；第二点，交易预付款，实物交收时结清剩余货款；第三点，可通过网络交易系统参与该业务。

具体来说，延期交收交易是指交易商在交易所按现价买卖金条，实物交收延迟至第二个工作日后任何工作日执行的交易方式。交易时支付投资者一定比例的交易预付款，实物交收时结清剩余货款。同时，投资者在交易的时候可通过网络交易系统参与该业务。

比如北方金银业推出的黄金预付款业务，采用 25 倍或者 50 倍的杠杆，投资者只需支付 2% 或者 4% 的预付款即可实现黄金标的合约的买卖，通过电子商务系统进行开仓平仓的交割，实现获取差价的目的。

7. 民生金

民生金是“民生金积存计划业务”的简称，是指中国民生银行为境内个人客户提供的黄金投资业务，该业务以人民币为交易结算货币，可实现黄金提现。

投资者可以根据黄金价格的波动低价买入、高价卖出，从中赚取差价或预约提取现货。优点是银行提供，可以提取实物黄金，享受民生金收益还有金价上涨带来的利润。

1.5 黄金投资的特点

经过不断地发展和改善，黄金长久以来一直是一种投资工具，自从 2008 年全球金融危机爆发，消费者物价指数 CPI 的连创新高，黄金投资成为全球投资者最为热衷的家庭避险方式。

如今，投资黄金更是大多数投资者的选择，黄金的投资具有 5 个特点。

1. 黄金有很强的流动性

黄金具有较高的流动性。资产的流动性包括两方面含义：变现的时间长度和变现的价值状况。

一种资产可以轻易变现，但价值出现很大的波动，这不能说明它的流动性很好。从黄金资产来看，其价格相对稳定。

黄金是一种“没有国界”的资产。虽然黄金现在不行使货币的支付、结算功能，但它的兑现功能仍是无与伦比的。

2. 黄金市场没有庄家

投资者应该都知道，股票中有庄家，其具有能够较大程度上决定该个股的走势、有操纵股票能力的特点。

一般来说，股票庄家都拥有雄厚的资金，拥有或即将拥有大量该股票。如果某股票没有公开及未公开的利好利空消息，却忽然严重背离大市走势，则多半是股票庄家在操作。

投资者如果能跟对股票庄家则可获得超常利润，但正确判断庄家意图相当困难，被套牢者数不胜数，可见，在股票中投资，与庄家需要进行大量的博弈。

黄金市场却不会出现这种情况，黄金市场属于全球性的投资市场，金价完全由市场供需决定，现实中没有哪一个财团或国家具有操控金市的实力。

正因为黄金市场是一个透明的有效市场，所以黄金投资者也就获得了很大的投资保障。

3. 回报率相对较高

关于投资回报率，某研究报告对比了回报率，来看这样一组研究报告。

美国纽约当地时间 2015 年 5 月 11 日，纽约佳士得开拍毕加索完成于 1955 年的名画。经过激烈竞拍，该幅作品拍得 1.793 亿美元的高价，拍得的价格远远超过它原本 1.4 亿美元的估价。

此后，根据《纽约时报》一份研究报告，毕加索名画的回报率达到 462%。

除此之外，该研究报告还对比了英国房地产、黄金、股票的投资回报率，哪一个投资回报率最高呢？这里进行了一个对比，如图 1–3 所示。

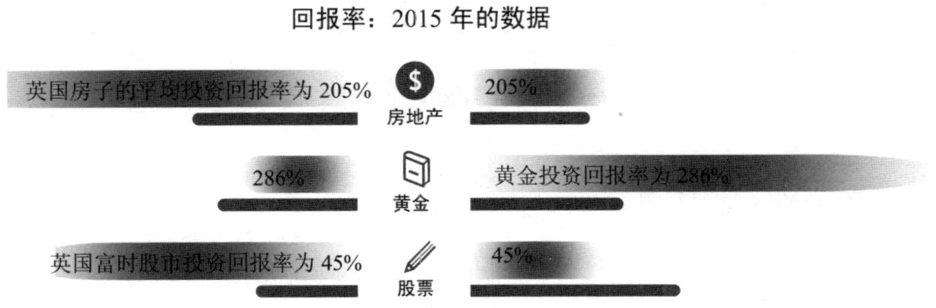

• 图 1–3　投资回报率对比

根据英国物业数据显示，英国房子的平均投资回报率为205%，英国平均家庭房价自1997年以来大约增长了两倍，也就是说，1997年一套总价为10万英镑的房子，到2015年其价格已达到30.5万英镑。

黄金投资回报率为286%，1997年11月，黄金价格约为每盎司305美元，2015年，黄金每盎司价格约为1180美元，2011年前后黄金价格达到峰值。

英国富时股市投资回报率为45%，20世纪90年代后，技术推动了英国股市达到峰值，1997年该指数为4800，2015年该指数约为6950。

由此可见，投资黄金的回报率还是比较高的，不仅如此，银行储蓄、国债和基金的收益远低于国际黄金投资的回报率，且投资周期较长，获利时间也相对较长，而黄金投资是即时性投资，波动较大，任何时候都可以选择获利出局，缩短了盈利周期。

4. 交易限制较少

黄金市场属于全球性的投资市场，不受人为操纵，没有庄家，相对公平可靠。股票是国内市场，交易时间受限制，价格波动连续性不强，而黄金价格是24小时连续波动，没有系统涨停或跌停板，随时都可以进行交易操作，没有时间限制，因此股票只能买涨，而黄金可以买涨买跌，买对了都可以有利润。

除此之外，股市里有许多股票品种，投资股票要花费许多时间、精力来选择与分析不同的股票，而黄金只有一个品种，不需要选择品种，信息面也相对没那么杂乱。

5. 黄金投资是世界上税务负担最轻的投资项目

相比之下，其他很多投资品种都存在一些让投资者容易忽略的税收项目，特别是继承税，当你想将财产转移给你的下一代时，最好的办法就是将财产变成黄金，然后由你的下一代再将黄金变成其他财产，这样将彻底免去高昂的遗产税。

而且做黄金保证金投资所得赢利都是你自己的，不用交个人所得税。

1.6 黄金投资中的现货黄金与交易市场

现货黄金，通常称为国际黄金或者伦敦金，媒体上经常说到的“伦敦金”就是存放在伦敦城地下金库里的 99.5% 纯度的 400 盎司金砖。

每个金砖上都印有编号和加工商的徽记，英文里 hallmark 这个词最早的意思就是指金砖上的这种徽记。

通过每个金砖的编号，可以把金砖登记在所有人名下，这种金砖如果需要交易，则必须到地库里把那个编号的金砖找出来进行交割，非常不方便。

所以，伦敦金是既期交易，指在交易成交后交割或任何一天进行实物交割。

如今的现货黄金交易是利用资金杠杆原理进行的一种合约式买卖。根据国际黄金保证金合约的交易标准，利用 1 盎司的价格购买 100 盎司的黄金的交易权，随后利用这 100 盎司的黄金的交易权进行买涨卖跌，赚取中间的差额利润。

全球的现货黄金市场主要分布在欧、亚、北美三个区域，如图 1-4 所示。

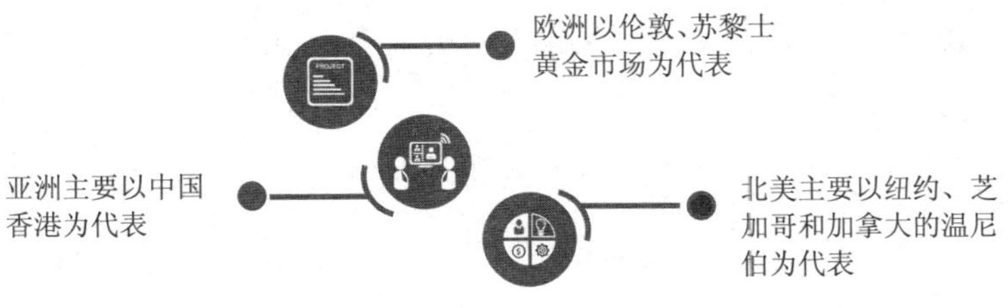

• 图 1-4 全球主要的现货黄金市场

根据图 1-4 所示的划分，市场中的投资者习惯将以伦敦、苏黎士黄金市场为代表的现货黄金，称为“欧盘”，将以中国香港为代表的现货黄金，称为“亚盘”，将以纽约、芝加哥和加拿大的温尼伯为代表的现货黄金，称为“美盘”。

第二次世界大战前，伦敦是世界上最大的黄金市场，黄金交易的数量巨大，约占全世界经营量的 80%，是世界上唯一可以成吨买黄金的市场。

而苏黎世黄金市场是第二次世界大战后发展起来的世界性黄金自由市场，它以瑞士三大银行为中心，联合经营黄金，与伦敦金商不同的是，它不但充当经纪人，还掌握大量黄金储备进行黄金交易。

中国香港黄金市场已有 70 多年的历史，从 20 世纪 60 年代开始，中国香港黄金市场已发展成世界主要的黄金交易中心之一，1987 年黄金进口总值达 186 亿港元，比 1986 年增加了 273.5%，同期黄金成交额由 1231 亿港元上升到 3714 亿港元，升幅高达 300%。

纽约黄金市场的发展历史很短，但发展速度相当快，日交易量达 30000 ~ 40000 笔，成交额约为 70 吨黄金，是目前世界上最大的黄金期货市场，每年有 2/3 的黄金期货契约在纽约成交，但交易水分很大，投机活动充斥整个市场。

1.7 现货黄金投资的特点

简单来说，现货黄金投资就是根据黄金价格的波动来赚取其中的差价，认识了现货合约的知识之后，这里介绍现货黄金的投资特点。

在本章 1.5 节中已经讲述了黄金投资的 5 个特点，在此基础之上，再详细讲解现货黄金的交易特点。

1. T+0 模式

黄金现货交易实行 T+0 的交易模式，黄金现货可以在当天进行买卖。

2. 双向交易机制，可做多做空

现货黄金是实行双向交易机制的，也就是说黄金现货可以做多，也可以做空，黄金价格无论上涨还是下跌都可以赚钱。

3. 无平仓时间限制

根据现货黄金 24 小时的交易时间，黄金现货没有平仓时间限制。

4. 资金安全

在本章 1.5 节中对黄金投资进行了相关介绍，其中有一点，即黄金市场没有庄家，所以，在进行现货黄金交易时，不会被庄家控制。

同时，投资现货黄金时，投资者的资金由第三方银行托管，资金只在银行之间转换。

5. 24 小时交易

上文介绍了现货黄金的交易时间，从交易时间来看，周一早上 8 点至周六凌晨 4 点半，这种 24 小时的交易制度更加适合投资者。

6. 保证金交易，投入资金少

现货黄金采用保证金交易制度，可用杠杆原理以小博大。有了保证金，投资者就可以参与交易，目前，现货黄金的每手交易保证金为万分之八，杠杆比例为 1 ： 12.5。

7. OTC 制度即时交易

黄金现货在交易的时候，不需要像股票一样，即买卖双方对价格和数量都达成一致才能交易，现货黄金只需在交易平台上点击一下，即可完成此次的交易。

8. 可自设安全线

投资者在挂单时可以设置止损和止盈，将风险控制在一定范围内，而且无论交易是否成功，挂单都不收取费用。

1.8 现货黄金交易中需要了解的专业术语和交易规则

在进行现货黄金交易之前，要理解一下现货黄金投资的常用专业术语以及交易规则。

1.8.1 现货黄金的专业术语

现货黄金中有很多专业术语，这里，以表 1–3 为例，进行解释。

表 1–3 现货黄金常用专业术语

术语	含义	术语	含义
开盘价	当天的第一笔交易成交价格	收盘价	当天的最后一笔交易成交价格
最高盘价	当天的最高成交价格	最低盘价	当天的最低成交价格
多头	在一个时间段内看好涨的投资者	空头	在一个时间段内看好跌的投资者
开高	今日开盘价在昨日收盘价之上	开平	今日开盘价与昨日收盘价持平
开低	今日开盘价在昨日收盘价之下	趋势	市场价格在一段时间内朝同一方向运动
涨势	市场价格在一段时间内不断朝新高价方向移动	跌势	市场价格在一段时间内不断朝新低价方向移动
套牢	买入黄金后，价格下跌，无法抛出	盘整	通常指价格变动幅度较小，比较稳定，最高价与最低价相差不大的行情
压力点（或压力线）	价格在涨升过程中，碰到某一高点（或线）后停止涨升或回落，此点（或线）称为压力点（或线）	支撑点（或支撑线）	价格在下跌过程中，碰到某一低点（或线）后停止下跌或回升，此点（或线）称为支撑点（或线）
突破	价格冲过上升趋势线	跌破	价格跌到下降趋势线以下
反转	价格朝原来趋势的相反方向移动，分向上反转和向下反转	探底	寻求价格最低点过程，探底成功后价格由最低点开始翻转
底部	价格长期趋势线的最低部分	头部	价格长期趋势线的最高部分
高价区	多头市场的末期，此时为中短期投资的最佳卖点	低价区	多头市场的初期，此时为中短期投资的最佳买点
买盘强劲	市场交易中买方的欲望强烈，造成价格上涨	卖压沉重	市场交易中卖方争相抛售，造成价格下跌

1.8.2 现货黄金的交易规则

对现货黄金的投资者来说，熟悉交易规则是进行交易的前提。

1. 买卖合约

现货黄金是以保证金的方式进行的一种现货做单业务，买卖双方以一定比例的保证金确立买卖合约，该合约可以不必实物交收，买卖双方可以根据市场的变化情况，买进或抛出现货黄金以平掉持有的合约。

2. 合约单位

现货黄金的交易单位为，每 100 盎司作为一个单位，即 1 手（1 盎司 =31.1035 克，以美元 / 盎司进行报价），每张合约以 100 盎司或其整数倍进行交易。

3. 资金要求

所有账户资金都以美元结算，开设标准账户的保证金为 10000 美元，而做单账户的保证金存款只能以电话汇款方式进行，只有银行将资金存款结算过账，并在做单平台账户状况反映了资金存进以后，投资者才能为新申请账户进行买卖做单。

4. 保证金

现货黄金是以 1000 美元作为每手基本保证金，当基本保证金下降到 50% 或 50% 以下的时候，电子交易平台会发出保证金下降的讯息提示。

如果保证金少于所需资金，则系统会终止账户进行任何新单做单。只有在保证金等于或超过所需资金时，投资者才能进行新的做单；投资者一旦收到保证金下降通知时，就应该决定采取相应的措施，使账户回到保证金所需水平。

5. 点差

点差是买入和卖出的一个差价，金商和银行在进行黄金价格报价时，所报的买价较高，卖价较低，中间的差价就是利润，通常现货黄金的买入和卖出差价为 0.5 美元 / 盎司。这里列举案例进行解释，金商要买入黄金，他的出价为 945.0 美元 / 盎司，他同时卖出黄金，报价为 945.5 美元 / 盎司，那么，中间的差价就是他的利润。

根据不同的交易时间，若是投资者选择了持仓过夜，那么，所有过夜的的持仓需交付一定的仓息（利息），将按国际银行惯例（按一年期利息平均每天的利息）来进行收取，并在下一个工作日反映在投资者的交易账户中，周五持仓过夜的按两个交易日收取利息。

6. 交易时间

下面是关于交易时间的介绍。

交易时间：工作日 24 小时交易，周末停盘，开盘时间为周一 07:00—周六 4:00。夏至收盘为 4:00，冬至收盘为 4:00，欧洲盘（夏至日）：16:00—23:30，美洲盘（夏至日）：20:20—01:30。

第2章

现货黄金投资中常见的“雷区”

在现货黄金实际的投资过程中，会出现形形色色的雷区，如果不幸踩中了，会导致投资失败，资金亏损。

所以，在对黄金及现货黄金有了基础认识后，不要急于进入现货黄金市场中进行交易，而是需要对现货黄金中存在的“雷区”进行总结和分析，借鉴前人的经验，看看有哪些雷区是不可踩的，才能对症下药，找到问题的答案。

本章导读：

- 现货黄金交易的“挤牙膏”式的投资害了谁
- 缺乏安全知识——“数据与避险”
- “逆势加仓”，投资者常有的误区
- “家暴式”的重仓是赌博
- “锁仓”，一把温柔却要命的刀

2.1 现货黄金交易的“挤牙膏”式的投资害了谁

投资当中如何合理地分配资金？这是投资者首要考虑的问题，也是影响后面交易成果的关键性一步。

初入市场的投资者，听到最多的论调就是“少投一点，先试试看”，由于这样引导，不少投资者都有“挤牙膏式的投资”的经历，这样必然导致现货黄金的投资市场中存在“挤牙膏”的状况。

2.1.1 “挤牙膏”式的资金操作

若是投资新手，进入现货黄金市场基本都是抱着试试看的心态，那么，初次交易可以减少投资资金额度，但这个比例一定是能够让自己用心对待的，而不是因为投入的少就听天由命，比如预计用 20 万元进行投资，而在初次交易的时候用 1 万至 3 万元入场保证金交易。

若是投资成功，那么就会在获取收益的同时，增强投资者的投资信心；若是投资失败，那么亏损的资金额度也是有限度的，不会让投资者失去太多的信心。

但是，往往也会出现这样的问题，即有的投资者有 20 万元的投资资金，但每次用 1 万元资金进行操作，明面来看心理压力小，实质却会导致不够用心，总认为投入的资金额度少，不用花费过多的时间去研究和操作。

所以，投资者一定要合理地安排资金，这样才能既不会影响生活质量，又不会疏于管理。

“挤牙膏”式的资金操作往往折射出投资者的投资性格和投资心理，投资者总是认为自己对市场还没有形成正确的感觉、正确的认识，没有形成系统的理念和久经检验的盈利模式，便试探着观望。

这种“挤牙膏”式的资金操作的投资者在现货黄金市场中是经常出现的，

这让笔者想起波涛先生在其著作《系统交易方法》中说：“执行系统交易信号，看似容易，实际上很难。当信号出现时，能够连续二十次执行无误的比例，不超过 20%，而连续一百次能够正确执行的比例不超过 1%。”

执行虽难，但若是养成了“挤牙膏”式的资金操作，那么执行看似变得更轻松，而交易的态度却大打折扣，最终会对投资者日后的操作带来阻碍。不要超过自己承受范围的投资，也不要过于小于自己承受能力的投入，这样才能使投资者既不影响原有的生活，又可以很认真地对待交易本身。反复小资金试探性的“挤牙膏”，只会养成薅羊毛的交易理念。

2.1.2 对“挤牙膏”式的交易仓位进行操作

任何投资（尤其是金融现货黄金投资）要想获得可观的回报，对行情的分析和预测是首要条件，投资者应该知道，当开始进行交易的时候，就应该大致掌握现货黄金的趋势、运行方向、建仓方向、持仓思路和位置进行预测。

在关键时刻进行果断交易是重要条件，开始进行投资交易的时候，由于资金投入得太少，最终导致投资者交易仓位占比对应变小。或者，交易当中无论资金大小，很多人选择最小交易手数来交易，试图用积累的方式来达到盈利，其实这样的方法是不可取的。

比如，在面对一波日线交易的时候，由于起始资金过小，投资者进行 0.01 手的交易，即使当天的行情有 10 美元，那么获利也只有 10 美元，如果投资者进行 0.1 手的交易，那么获利在 100 美元左右。

一般，入场交易的保证金，往往是投入资金的 5% 至 10%，尤其是高杠杆的交易货币，起初就是“挤牙膏”，本来有 5 万元做投资，只拿出来 1 万元，而每一次的交易保证金就只有 500 ~ 1000 元，这就导致只能进行“最少仓位的交易”，无法进行仓位上的调整。

投资者一定不要认为小资金就一定无风险，就好比股票涨跌停限制 10%，照样有人亏钱，ST 股只有 5% 的限制，依旧有人套牢，仓位的占比永远不是所谓的最小值或者最大值。

如果有 1 万美元的资金投入，那么投资者要根据自己对待这个资金回撤的承受能力以及交易系统的出错频率，来安排每次进入场的仓位，就好比打仗，资金就是士兵，如何排兵布阵，需要有谋略，关于资金风险管理的具体内容，将在第九章详细讲解。

2.2 缺乏专业知识——“数据与避险”

投资现货黄金之前，很多投资者重视理论知识和技术知识，往往忽略了现货黄金基础面的知识，比如美联储加息对现货黄金的影响，战争对现货黄金的影响，非农就业数据、失业率等经济指标对现货黄金价格的影响等。

这些因素都足以影响现货黄金的价格走势，但是，很多投资者认为这些知识都是不必要的参考内容，也不够重视这些避险数据的作用，导致投资者在投资交易过程中缺乏最基础的安全知识，不知道如何利用相关经济数据进行避险。

2.2.1 不了解美联储加息，忽视美联储加息

假如某个投资者持有现货黄金，且现货黄金的价格走势一直按照投资者的预期运行，但是，突然在某一段时期，现货黄金价格走势出现了波动，那么面对这些波动，投资者没有对提高避险性数据加以重视，将会导致无法避免这些波动带来的损失。

同时，当投资者打开电视看到其中赫然出现“美联储加息”这五个大字的时候，才意识到，或许“美联储加息”这五个字带来的影响，波动到现货黄金。

这个投资者的想法没有错，“美联储加息”对现货黄金的确会造成影响，笔者在新浪博客曾经分析过现货黄金，也不止一次地将“美联储加息”的事件与黄金价格走势相关联，多次探讨、深入解析。

比如笔者在 2016 年 11 月份的时候曾在博客中发表过一篇介绍美联储加息事件的文章，即市场数据的影响力并不是很大，黄金价格持续性震荡整理之后，由于公布的美国主要数据表现比较强劲，推动了美联储再一次加息，加之，美联储主席耶伦偏鹰派的讲话，称现在的经济温和复苏，如果后期还

能继续维系这样的速度，那么就会加大 2016 年 12 月美联储加息的可能性。

而加息事件对现货黄金有什么影响呢？笔者在博客中也进行了提示，即“12 月加息成大概率，现货黄金会上演卖预期、买事实的状况”。

在现货黄金市场加息没有落地的时候，市场中的投资者都预期性地参与黄金，可当真正的加息光临的时候，未必会迎来瀑布式的下跌，因为投资者会担心美国经济复苏的步伐能否跟上，在外围国家宽松的背景之下，美国方面的坚挺到底是不是真实的，能不能维持加息的步骤？这是加息之后反而会推动金价避险性买盘参与的关键。

可见，“美联储加息”这几个字，对现货黄金市场和走势的影响还是不浅的，若投资者缺乏现货黄金的基础面知识，也就意味着其缺乏避险的安全知识。

2.2.2 不了解局势战乱，忽视战争中的现货黄金

还是假设某个投资者持有现货黄金，且现货黄金的价格走势一直按照投资者的预期运行，然而某一段时期，现货黄金价格走势出现了不小的波动，面对这些波动，现货黄金价格走势转好，黄金价格上涨，令投资者获利。

正当投资者因获利而感到开心的时候，听到周围人谈论起“俄乌战事”，才知道现货黄金价格的上涨是因为发生了战争。

这里，俄罗斯与乌克兰的战事不是笔者分析的重点，但是，“俄乌战事”对现货黄金带来了影响，2014 年，笔者在新浪博客分析现货黄金时，分析了此次战事与现货黄金价格走势，即乌克兰局势的升级使得黄金再次在危机中显露其避险保值的功能。

金价受影响一度涨至 1354 美元 / 盎司，是 2013 年 10 月 30 日以来的最高水平。围绕乌克兰局势的不确定性，黄金价格可能会在未来几周被推高，尽管会寻求外交和政治解决的方法，但是能否避险还依赖投资者的配置。

黄金作为在政治危机时传统避险资产，2014 年 2 月底并没有寻找到很多支撑，但因投资者忽视乌克兰不断升温的政治局势，2014 年 3 月 3 日，情况发生了改变，黄金价格大涨 2% 以上，创四个月新高 1350 美元以上，自 2014 年年初来，黄金价格已经上涨了近 12%。

随着乌克兰政治危机不断升级，并不排除出现战争的可能性。因此投资者需要未雨绸缪，考虑到如果爆发战争，其手中的钱有什么更好的选择。

可见，黄金价格的上涨并不是没有原因的，投资者如果不了解国际战事，就不能理解为什么战争会出现，从而无法判断现货黄金价格上涨的原因。

2.2.3 不了解非农业就业数据，忽略数据的重要性

同样，假如某个投资者持有现货黄金，而现货黄金的价格走势一直按照投资者的预期运行，突然在某一段时期，现货黄金价格走势出现了波动，面对这些波动，投资者还是按照自己固有的操作技术和理论知识进行分析，但依然没能够避免这些波动带来的损失。

这时，投资者偶然翻开了一本书，书上写着“非农数据影响黄金价格”，投资者想到，现货黄金价格走势突然出现的波动，或许是因为非农业就业数据的影响。

不错，“非农业就业数据”对现货黄金的确会造成影响，2015 年，笔者也曾在新浪博客分析现货黄金时，不止一次地将“非农业就业数据”与黄金价格走势相关联。

而关于非农业就业数据对现货黄金的影响，笔者在博客中也进行过分析，并且将非农业就业数据做了夸张的比喻，即非农，每个月的定时炸弹即将引爆，是烟花般的美丽，还是地雷般的吓人。

不关注非农业就业数据的投资者往往不知道，持续清淡的贵金属市场，有时候能够借助非农业就业数据这股能量，打破现货黄金市场的僵局。

正如我在这篇博客文章中写到：非农业就业数据这一次前值为 22.3 万人，市场预期为 22.7 万人，同样的预期是利空黄金、白银，而且两者之间的偏差并不大，那么，存在先涨后跌或者先跌后涨，至少非农业数据不会有这样的影响，失业率前值为 5.4%，预期也是 5.4% 不变，这也是近一年以来历史性低点位置，由此可见美国失业人数不断下滑，表明其经济稳步地增长。

与此同时，根据上述数据不难发现，就业人数不断回暖，失业人数持续降低，无论周三或周四公布的是 ADP 还是初请失业金，都表明美国的就业市场将得到不断的改善，笔者预测失业率波动幅度不会太大，5.4% 是这一年以

来统计中历史性的低点，而失业率刚从严寒冬天糟糕的数据中走出来，还将持续地得到改善。

我们都知道，20 万人的失业人数是美国就业市场的分水岭，这一次，非农业就业数据预期将继续利空黄金、白银，基本上没有看到数据表明非农就业数据过于差劲。

可以看出，非农业就业数据对现货黄金价格走势具有很大的影响，投资者若不关注这些安全数据，往往不能够进一步地理解现货黄金的走势。

2.3 “逆势加仓”，投资者常有的误区

现货黄金交易中的加仓，即投资者看好某个方向，在黄金上涨过程中继续追加买入的行为。投资者确认加仓的条件，应该是投资者在行情方向能够确认的情况下，以及投资者比较肯定这波趋势能够继续上涨的情况下进行加仓的操作，最终目的是让投资者获得更大的利润。

但是，很多投资者再加仓的时候会选择“逆势加仓”，即现货黄金的行情明显处于下跌趋势，交易者做多产生亏损，却并没有及时止损，反而对自己的判断很有信心，于是加仓扛单，或者误认为加仓可以摊低成本，这样的结果很可能是，仓位越来越重，下跌行情一直延续下去，就会有爆仓的风险，因此逆势加仓是一种非常危险的行为，也是投资者常有的误区，在过去 8 年多与投资者的接触当中，这个习惯一直是致命的。

为什么说是致命的习惯呢？答案主要分为两种情况。

第一种情况，当现货黄金的趋势连续不断地走高或者连续不断地走低并且超出一定的阻力位或者支撑位置时，随着相反力量的不断增强，往往很容易产生反转。

第二种情况，当现货黄金的趋势连续朝着一个方向运行时，当在某一位置稍有逆转，便采取措施。

在第一种情况中，很多投资者在走势反转的时候会做出相反方向的判断，但是由于一些技术上的失误或者不清晰的逻辑导致过早地入市，陷入被套之中，

此时趋势仍然不断朝着原来的方向前进，许多投资者又开始做相反方向的单子持仓入市，如此一来，不知不觉做了很多单子，陷入巨大的亏损当中。

但不可否认，也有一部分投资者能够通过这种方法赚取一些利润。

在第二种情况中，投资者认为趋势将要反转，立刻轻仓入市稍做试探，然后根据情况决定是否加仓，这算是比较理智的行为。

但是，当投资者第一次投入的资金产生利润时，其就已经迫不及待地开始新一轮的加仓，然后，猛然发现，这仅仅是大趋势的一个小小的回调，于是陷入困境。

仓位管理如同航船掌舵，不仅可以帮助投资者控制风险，还可以帮助投资者获得更多利润。在实际的交易中，仓位管理（尤其是加仓）往往是投资者所面临的重要难题之一，加仓的方法不对，或者时机不对，都会给交易者带来更大的损失，尤其是不建议在错误的时候加仓，价格朝着相反的方向运行，已经说明做错了，再去加仓只会加重损失。

2.4 “家暴式”的重仓是赌博

在现货黄金交易市场中，笔者听说过这样一句话，“轻仓是投资，重仓是赌博，爆仓是亏损，满仓不止损是慢性自杀”，相信很多现货黄金的投资者也有所耳闻，甚至亲自实践过。

很多现货黄金的新手在投资交易过程中，喜欢采用重仓或者满仓的方式来操作，若是方向选择正确，就会大赚一笔，于是，投资者便认为重仓满仓是一个好方法，接下来就一直重仓操作；若是投资者方向选择的不对，那么，就会出现比较大的亏损，碰到极端行情还有可能会出现爆仓。

2.4.1 “家暴式”的重仓，足够导致爆仓

现货黄金的重仓交易，就是指在现货黄金交易过程中，使用自己账户中大比例的资金进行做单操作。

很多现货黄金新手进行过重仓交易，而这些新手都有一个特点，就是想

要搏一搏赚大钱，但最终获利的投资者寥寥无几。

不难发现，资金越多的人越明白交易的盈亏与风险呈正比，而资金越少的人，与其说是投资，还不如说是投机，甚至连投机也不是，就是想拿着仅有的资金来发财的，这样的思维从一开始注定已经走错了。

对已经在黄金市场中交易过一段时间的投资者来说，除了特定的情况，基本没有投资者选择重仓交易，为什么呢？下面就来解释一下。原因之一：短线操作时，重仓带来的交易风险较高；原因之二：短线操作时，重仓带来的损失较大。

当投资者进行短线操作，把现货黄金当做一种投机，投资者则会选择重仓操作，把握短暂的大行情。

但是，短线投资黄金中的重仓操作，意味着投资者只有一次试错机会，一旦投资失败出现爆仓，平台系统会自动为投资者平仓，投资者就会被淘汰出局。仓位越高，对交易成功率的要求就越高，容不得丝毫的差错。

投资者之所以有这样的操作方式，大部分原因是只看到重仓可能带来的暴利，而忽视其必然带来的高风险。

这种高风险高杠杆交易，还可能被放大到瞬间爆仓（爆仓，是指在某些特殊条件下，投资者保证金账户中的客户权益为负值的情形）的可怕程度。

我们知道，黄金交易的特点之一就是高达上百倍的杠杆交易，如果还加入重仓位，虽然在短期内可能会赚取更多的利润，但是，一旦操作不慎或者遇到波动较大的行情，那么爆仓的风险也会随之而来。

这也就是通常说的“成功 99 次的盈利，不抵失败 1 次的亏损”，即便投资者利用重仓交易连续成功很多次，但始终会存在下一次让投资者爆仓的潜在危险，一旦出现爆仓，那么投资者可能就产生巨大的亏损。

2.4.2 投资者应该如何避免重仓操作

现货黄金重仓交易其实就是一种“赌博”，重仓交易者都有着赌徒心理，惨痛的教训数不胜数。

重仓交易造成的亏损比其带来的收益大得多，但很多投资者在现货黄金实际操作中又往往不能控制自己，稍一放纵就会重仓操作。

所以，任何一个理性的投资者都会尽力避免重仓。重仓的两种情况如图 2–1 所示。

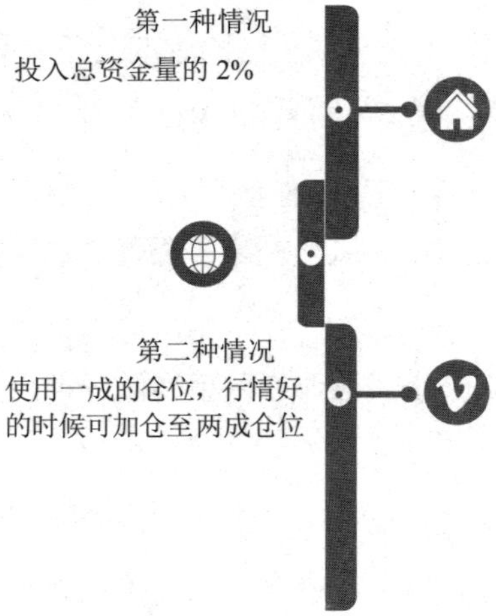

• 图 2–1　重仓的两种情况

即在进行交易时使用自己总资金量的 2%，随后根据行情走势选择止损离场或者逐步加仓，从而稳定获利。或者是在有经验的前提下，投资者想要获利，并规避重仓带来的风险，那么，投资者做单时使用一成的仓位，行情好的时候可加仓至两成仓位，这样投资者的账户就会比较安全。

投资者在交易过程中，尽量要超越重仓暴利的诱惑，放平心态，应该平静、和谐地通过轻仓、长期、顺势进行获利。

2.4.3　避免赌博，控制心态操作方式

心态的控制是影响投资者黄金交易成败最重要的因素之一，如果心态控制不好，投资者在黄金交易的时候，即便拥有再高的技术分析技巧，也会使得自己的交易变形，为什么呢？

俗话说“关心则乱”，现货黄金重仓交易的时候，由于投资者投入的资金量比较多，如果交易的时候产生一点小失误，就会导致严重的亏损。因此投资者在黄金重仓交易的时候，必定会更加“关心”这个单子，即便是市场上的一点小波动，都可能会使其修改自己原本可以盈利的交易策略，导致交易操作变形，最后引发亏损，甚至爆仓。

除上述这种情况之外，还有一种情况就是现货黄金的投资者操作模拟仓和真实仓时的心态不同。

当投资者在进行模拟仓操作时，并没有觉得重仓有什么影响，因为模拟仓只是一个数字，并非与投资者的资金相关联。

而当投资者真正进入实盘重仓操作后，心态会极度不稳定，真仓是真实的财富波动，它会使投资者贪婪，也会使投资者恐惧，而这两种情绪都会使投资者做出非常错误的行为，从而导致亏损的结果。

所以，黄金交易不能重仓，相信通过上述介绍，投资者已经明白了其中的原因。

但是投资者也需要学会灵活运用，如果对后市的行情特别有把握，那么，通过重仓来追加自己的盈利也未尝不可，这其中有个“度”，需要投资者根据自己账户资金情况进行把握。

2.5 “锁仓”，一把温柔却要命的刀

现货黄金的行情有时会带给投资者意外的惊喜，有时也会打得投资者措手不及，比如行情波动迅速，但投资者不满足当前的收益，或不甘于止损出局，往往会运用到锁仓功能。

现货黄金的投资新手可能还不知道现货黄金锁仓的危险，接下来我将详细讲解现货黄金交易中一把温柔却要命的刀——“锁仓”。

2.5.1 现货黄金投资过程中出现的锁仓原因

所谓锁仓，一般是指黄金投资交易者做数量相等但方向相反的开仓交易，以便不管黄金价格向何方运动（或涨或跌）均不会使持仓盈亏再增减的一种操作方法。

锁仓另一个说法叫做对冲交易，对杠杆进行现货黄金交易的新手来说，进行锁仓最根本的原因就是不想让自己的仓位损失太多，所以，就按照自己最初仓位的反方向再开一个仓位。

锁仓的出现，主要有以下四个原因。

第一个原因：交易后无法判断后市发展，锁仓以获得研判的时间缓冲效果。

第二个原因：交易错误，但对市况有所判断，希望借此获得修正错误的行为。

第三个原因：交易正确，但对市况有所判断，希望借此获得更多盈利的行为。

第四个原因：对交易市场无主见，亏损后又不愿中止亏损并抱有幻想的做法。

上述四个原因中，第四种情况是最糟糕的，这种情况下的锁仓行为带来的效果最不明显。

现货黄金市场中，大多数投资者都认为锁住前期盈利的同时，还有机会扩大投资者的盈利，在单方向行情出现时投资者的利润将成倍增加，在反转行情出现时投资者的持仓也已经处于最佳位置。

根据锁仓的作用，很多投资者认为锁仓是解决盘中的盘整问题和在可能发生的反转行情中使手中的持仓处于最佳位置，而花费最小的代价。理论是没有错的，但需要投资者进行注意的是，锁仓会带来危险。

2.5.2 亏损锁仓，温柔且危险

在现货黄金投资交易过程中，锁仓一般分为两种方式：一种是盈利锁仓，另一种是亏损锁仓。

盈利锁仓，就是投资者买卖的现货黄金有一定幅度的浮动盈利，投资者感觉到原来的大势未变，但是市场可能出现短暂的回落或者反弹，投资者不想将原来的低价买单或高价卖单轻易平仓，便在继续持有原来头寸的同时，反方向开立新仓。

亏损锁仓，就是投资者买卖的现货黄金有了一定程度的浮动亏损，投资者看不清后市，但又不想把浮动亏损变成实际亏损，便在继续持有原来亏损头寸的同时，反方向开立新仓，企图锁定风险。

当成交后市场朝相反方向运动时，投资者会对自己的判断提出疑问，在投资者认为能够承受的市场震荡过程中，没有必要进行锁仓处理，因为投资者不可能买（卖）一个当天的最高（低）价，并且这还会增加不必要的手续费。

但是，一旦行情突破（跌破）市场中关键阻力位（支撑位）（后文将详细介绍阻力位与支撑位），就一定要止损（或锁仓）。

行情波动带来了不少的利润，也引发了不少人的锁仓，但是，锁仓后产生的问题，对投资者来说，就是一把温柔且要命的刀。

因为锁仓远远比重新交易带来的风险要大很多，无数人就是在锁仓的路上被市场无情地淘汰了，不是承担的费用多、难以使用计划好的交易策略，就是心态发生变化。即到解仓的时候，由于时间过久，投资者平白多付许多仓息费。但若是永远不平仓，虽然账户上显示的是亏损不变，但还是要承担隔夜单的利息，而且投资者的资金还是卡在里面动不了。

很多现货黄金的投资者都不能够再使用原本制定的交易策略，投资者需要结合现状，重新制定交易策略，这也是考验投资者的经验和操作水平是否熟练和扎实。

同时，锁仓还会考验投资者的心态，即锁仓之后，投资者能否调整好心态，能否再次重新分析市场走势。往往在投资者手里有某个方向的单子，其判断行情的时候就无法做到绝对的客观，正确的判断是站在中立的一面来寻找做多或者做空的依据，然后据此来操作。可是，由于锁仓的原因，不少人按自己手里持有的单子方向来寻找一些利于自身持仓的数据或者消息，看似是在分析，实则是找一些理由和依据为自己的持仓找借口罢了。

当锁仓出现之后，投资者可以选择解仓。在解仓的时候，投资者选择什么样的点位和什么时间解单，都将直接影响到投资者账户的盈亏，若是没能够找到好的点位和最佳的时间，解锁便会成为困扰投资者的问题。

在现实当中，笔者见到 70% 甚至更高比例的投资者，在锁仓的时候平掉盈利的单子，持有浮亏的单子。这其实是一个极大的错误，一个对锁的单子，盈利说明方向是对的，亏损说明方向是错的，选择平掉正确方向的单子，留有错误方向的单子，本身就会扩大亏损，导致二次、三次、多次重复地来回锁仓，最终上演万能锁的局面，锁是自己上的，却再也找不到解锁的钥匙。

所以，投资者一定不要在亏损的时候对锁，一个 10 美元对锁的单子，解锁的时候即使回来 8 美元，也都想着等回到 10 美元再获利离开，结果行情反转，导致原本只会亏损 10 美元的单子，演变成了亏损 20 美元、30 美元甚至 50 美元的单子。这样的案例相信不少投资者应该屡见不鲜，重仓交易、锁仓操作，这是在现货黄金市场不应碰的“高压线”。

第 3 章

数据与避险，现货金价震荡的关键因素

凯恩斯将“利率随一般价格水平上升而上升，随一般价格水平下降而下降，即通缩时利率反而是下降的”的现象命名为“吉布森悖论”。

也就是说，在金本位条件下，一般物价水平越高意味着一盎司黄金能购买的商品数量越少，即黄金的相对价格下跌。一般物价水平升高，利率也随之升高，在金本位条件下，利率就是实际利率。

1988 年，克林顿时期的财长 Summers 与哈佛大学教授 BarsKy 发表文章，专门研究了吉布森悖论和金本位。他们验证了，在 1821—1913 年，长期利率与整体物价水平表现正相关，也就是说，吉布森悖论确实存在。他们证明并得出结论：长期实际利率与黄金价格之间紧密相连，在自由市场中，金价和长期实际利率走势相反。因此，许多市场人士把吉布森悖论作为黄金市场的参考指针。

“吉布森悖论”正是利用基本面对黄金价格进行的分析，我们可以看出，基本面分析对黄金价格具有很重要的关系。本章以及本书的第 4 章对影响黄金价格的基本面指标进行分析。

本章导读：

- 美联储加息与黄金之间的关联
- QE 与降息之下的黄金价格走势
- 把握小非农 ADP 就业数据
- 初请失业金人数与黄金的关系
- 非农数据与黄金不可分割
- 失业率间接影响黄金价格
- 黄金的战争情结
- 美元与黄金，黄金与美元
- 实物黄金供需与黄金价格相辅相成

3.1 美联储加息与黄金之间的关联

黄金价格的涨与跌，与很多因素相关联，最常见的想必是加息，而这个因素是很多投资者所关注的，这里将详细解析。

加息，就是银行提高存款和贷款的利息，若是将加息解释得官方一些，其实是一个国家或地区的中央银行提高利息的行为，从而使商业银行对中央银行的借贷成本提高，进而迫使市场的利息也进行增加。

加息的目的包括减少货币供应、压抑消费、压抑通货膨胀、鼓励存款、减缓市场投机等。

3.1.1 美联储的 5 次加息与通货膨胀

美联储加息，顾名思义就是美国央行提高存款利率，这样可以促使资金回到美国银行。另外，加息也是证明美国经济、就业、通货膨胀等情况变好的一个现象，原来一年给 100 美元的利息，现在同样的钱可以给到 200 美元，这个涨幅就是加息，其实很多人对加息的概念并不陌生，就不在这里做过多的诠释。

1982 年以来，美联储共经历了 5 轮较为明显的加息，如表 3-1 所示。

表 3-1　美联储 5 轮加息

加息次数	加息时间周期	经济状况
美联储第一轮加息	1983 年 3 月—1984 年 8 月	基准利率从 8.5% 上调至 11.5%，经济复苏期
美联储第二轮加息	1988 年 3 月—1989 年 5 月	基准利率从 6.5% 上调至 9.8%，这个时间是通胀抬头期
美联储第三轮加息	1994 年 2 月—1995 年 2 月	基准利率从 3.25% 上调至 6%，这已经到了通胀恐慌期

续表

加息次数	加息时间周期	经济状况
美联储第四轮加息	1999 年 6 月—2000 年 5 月	基准利率从 4.75% 上调至 6.5%，互联网泡沫期
美联储第五轮加息	2004 年 6 月—2006 年 6 月	基准利率从 1% 上调至 5.25%，房市泡沫期

根据表 3-1 所示，美联储 5 次加息的时间均相差 4 年左右，虽然加息的目的是控制通货膨胀，但是每次因通货膨胀而导致加息的原因都不相同。

第一次加息是因为 1981 年美国的通货膨胀率高达 13.5%，接近超级通胀。美联储通过大规模的加息抑制通货膨胀。

第二次加息是因为美国 1987 年股市崩盘，美联储紧急降息救市。由于救市及时、股市下跌对经济影响不大，自 1988 年起通胀继续上扬，美联储开始加息应对。

第三次加息是因为美国 1990—1991 年经济衰退，1994 年经济复苏势头重燃，为了控制通货膨胀，美联储加息应对，美国国债收益率大幅下降。此次加息也被认为是导致此后 1997 年爆发亚洲金融危机的因素之一。

第四次加息是因为美国 1999 年经济强劲增长、失业率降至 4%。互联网热潮导致通货膨胀，美联储加息应对，2000 年互联网泡沫彻底破灭后，全球的经济再次陷入衰退。

第五次加息是因为美国当时房市泡沫涌现，此前的大幅降息激发了美国的泡沫，2004 年通胀抬头，美联储开始收紧政策，连续加息直接导致美国房地产泡沫破裂，直至次贷危机引发全球金融危机。

以上，就是美联储过去 5 次加息的简单概括，而接下来才是重点，也是离我们较近的一次加息潮，美国进入新一轮加息周期是在 2015 年 12 月 17 日，将联邦基金利率提高 0.25 个百分点，这是自 2006 年 6 月以来美联储的第一次加息，这也意味着美国进入了新一轮加息周期。

同时，美联储方面将以渐进节奏加息，美联储此次升息有两大目标，一是增加投资、创造就业，二是控制通膨率，也是为了更好地维稳美元在全球货币当中的霸主地位。

此次，自 2015 年年底，美联储主席耶伦开启了新一轮的加息潮，这也意味着美国经济开始复苏并且走强，就业、通货膨胀、失业率等因素的影响，加息的节奏并不是很快，但依旧还在持续且有节奏的加息当中。

3.1.2 美联储加息后，黄金上演“卖预期、买事实”

首先，“卖预期、买事实”从字面上来理解并不是太难，所谓的卖预期就是根据消息卖出，为何加息的时候是卖预期，原因即加息利空黄金，利多美元，市场上消息提前消化，加息落地或者预期消化后，消息效用降低。

也就是说，加息本身对黄金而言是利空，对美元而言是利多，当加息被认为要实施的时候，大家都会开始抛售手中持有的黄金。

这里的消息就是指预期性的恐慌和传言，根据市场传言和在预期利空的前提之下卖出黄金，因此黄金价格就会在加息的前夕下跌。

然后，当黄金价格持续跌到一段时间之后，加息落地或者预期消化后，市场不会在低位再去追空，因为所有人知道的消息就已经不值钱了。

同时，加息本身是在经济条件允许的情况下实施的政策，落地之后的加息，其实人们更多的是担忧加息之后，美国的经济增长速度能不能跟得上加息的步伐，加息会不会是表面现象，而未能真正体现经济复苏的水平，这才会导致投资者再买入黄金，以规避加息之后的不稳定性和不确定性带来的风险。

综合来说，加息的预期利空黄金，导致黄金价格下跌，这也是金融市场上经济上演的一种走法，无论是加息、美国总统大选、战争等一系列不确定性消息，都会出现类似这样“卖预期、买事实”或者“卖事实、买预期”的走法。

3.1.3 加息前后，投资者应布局黄金

近年，在美联储每一次加息之前，黄金都出现了不同时间的下跌，而这个下跌是由刚才所说的预期性导致的，所以，在加息之前，投资者更侧重的还是以卖出黄金为主，也就是做空黄金。

但是，加息落地的时候，投资者就需要改变投资方向，因为加息落地之后黄金的价格会普遍性地上涨。

为什么黄金价格会上涨？因为如果加息了，就会出现买事实的状况，导致黄金上涨，如果不加息，黄金同样也会上涨。

比如 2017 年 3 月，加息之后的黄金价格在凌晨暴涨，之后的数个交易日延续了上涨走势，并没有出现回调，也就是基本上不给做多者机会，当大家还在考虑加息之后黄金价格会不会下跌的问题时，黄金价格却已经上涨了几十美元。

2015 年 12 月，美联储第一次加息落地，黄金价格出现了向下的下调行情，随后迎来了上涨，涨幅近 300 美元 / 盎司。这就是诱空。这种走法往往会让市场之前做空的投资者疯狂，做多的投资者不敢操作。

无论如何，加息之后黄金往往是以大方向的上升为主，投资者也要跟随这样预期性消息的方向来操作，因为加息的目的并非加压黄金，而只是为了维稳美元，黄金只是美元计价的货币或者商品而已。

综上所述，具体的操作应该是加息之前卖出黄金，加息当天买入黄金，在大的方向跟随或者把握到行情带来的收益。

3.2 QE 与降息之下的黄金价格走势

QE，即量化宽松，与降息几乎都是为了增加现金流动，鼓励投资和消费，促进经济发展，但二者之间还是存在一定的区别。

QE，主要是指中央银行在实行零利率或近似零利率政策后，通过购买国债等中长期债券，增加基础货币供给，向市场注入大量流动性资金的干预方式，以鼓励开支和借贷，也被简化地形容为间接增印钞票。

降息是指银行利用利率调整来改变现金流动。当银行降息时，把资金存入银行的收益减少，所以降息会导致资金从银行流出，存款变为投资或消费，结果是资金流动性增加。

3.2.1 美联储 QE 实施后的黄金

在经济发展正常的情况下，央行通过公开市场业务操作，一般通过购买市场的短期债券对利率进行微调，从而将利率调节至既定目标利率。

而量化宽松则不然，其目标是锁定为长期的低利率，各国央行持续向银行系统注入流动性——向市场投放大量货币，即量化宽松下，中央银行对经济体实施的货币政策并非是微调，而是具有重要影响的措施。

美联储的 4 次实施 QE 计划，通过大量购买美国国债，来压低长期利率，避免通货膨胀，降低失业率，如表 3-2 所示。

表 3-2　4 次 QE 计划

QE	内容
QE1：2008 年	首轮量化宽松政策的开始
QE2：2010 年	美联储将发货币购买财政部发行的长期债券
QE3：2010 年后	实施第三次量化宽松政策
QE4：2012 年	每月采购 450 亿美元国债，把利率保持在 0 ~ 0.25% 的低水平
QE5：2013 年	缩减购债规模，美国的刺激政策趋于终结

即，2008 年 11 月 25 日，美联储首次公布将购买机构债和 MBS，标志着首轮量化宽松政策的开始。2010 年 10 月，美联储宣布将实施 6000 亿美元的第二轮量化宽松政策，美联储将发货币购买财政部发行的长期债券。

根据 QE2，美国的经济数据没有得到预期的复苏，为应对危机，2010 年后，实施第三次量化宽松政策。2012 年 12 月，美联储宣布推出第四轮量化宽松政策，每月采购 450 亿美元国债，把利率保持在 0 ~ 0.25% 的低水平。

2013 年，美联储宣布将缩减购债规模，说明美国的刺激政策趋于终结，是历来最大规模的货币政策行动的转折点，但之前的几轮 QE 计划，确实改善了美国的经济和就业市场。

根据美联储实施的 QE 计划，其阶段可分为 5 个。第一个阶段：零利率政策；第二个阶段：补充流动性；第三个阶段：主动释放流动性；第四个阶段：引导市场长期利率下降；第五个阶段：金融危机后量化宽松无止境。

美联储 4 轮 QE 计划的实施，对黄金市场和黄金价格有什么影响呢？需要分为三个时间段进行分析。

第一个时间段：QE 刚推出的时候，黄金价格会上涨。

第二个时间段：QE 计划的推行过程中，黄金价格上涨缓慢，趋于平行。

第三个时间段：QE 计划结束后，黄金价格开始回落。

具体来说，QE 计划刚推出的时候，黄金价格会上涨，是因为美国无限量宽松印钞票，直接反映纸币贬值、黄金的价格相应上涨。

但是在 QE 计划的推行过程中，是美国财政成功避免财政悬崖，美国经济以及失业率有了很大的改善，各项经济指标显示美国经济正在复苏，美国经济的复苏使得美国失业率的降低。至此，美国便会缩减和结束 QE 计划，这意味着美元不会再贬值了。

美国经济将重新带动股市，美元会重新上涨，从而黄金将失去避险的作用，其价格开始回落。

也就是，黄金价格会先上涨，再回落。

3.2.2 为何 QE 上演“买预期、卖事实”

“买预期、卖事实”中所谓的买预期就是根据消息买进，为何量化宽松政策是买预期，原因即量化宽松利多黄金，利空美元，因市场传言和预期利多，黄金价格就会在量化宽松政策实施后上涨，量化宽松政策要结束的时候，黄金价格上涨趋于平行。

因为量化宽松对黄金而言是利多，对美元而言是利空，当量化宽松政策实施的时候，投资者就会开始买入黄金。

这里的消息就是指预期性的恐慌和传言，投资者会根据市场传言和在预期利多的前提之下买进黄金，因此黄金价格就会在量化宽松政策实施后上涨。

当量化宽松政策实施一段时间，黄金的价格持续上涨一段时间之后，量化宽松政策要结束的时候，市场不会在高位再去追多，因为所有人知道的消息就已经不值钱了。

量化宽松是为了刺激美国经济、复苏美国经济而实施的政策。量化宽松落地之后，其实人们更多的是担忧美国的经济增长速度能不能跟得上量化宽松政策实施的步伐，量化宽松政策会不会难以达到预期的目的，能否真正体现经济复苏的水平。出于这些担忧，投资者会再买入黄金，来规避量化宽松政策实施之后的不稳定性和不确定性带来的风险。

总之，量化宽松的预期利多黄金，导致黄金价格上涨，上文说过，这是金融市场上经济上演的一种走法，无论是加息、美国总统大选、战争等一系列不确定性消息，都会出现类似这样“卖预期、买事实”或者“卖事实、买预期”的走法。

3.3 把握小非农 ADP 就业数据

在做黄金投资的时候，所参考的非农数据有两个：一个是小非农，另一个是大非农。这两个数据对黄金价格的上涨与下跌都有关系，这里详细讲解“小非农”。

“小非农”是指 ADP 就业数据，是非官方调查的数据，也简称 ADP。ADP 就是美国自动数据处理公司，而 ADP 全美就业报告由 ADP 赞助，数据来自有关 50 万个私营单位的调查，因此数据有相当的准确性，可以预测每个月月初的非农数据。

3.3.1 每月一次的小非农 ADP，对黄金产生影响

小非农每月公布一次，一般在非农数据前两天（周三）公布。具体而言，夏令时，一般在每个月的第一个周三 20:15（冬令时 21:15）公布，对非农数据有一定的预示作用，被投资者称为“小非农”。

小非农对黄金的价格会产生一定的影响，即 ADP 就业数据好于预期，黄金价格下跌，ADP 就业数据差于预期，黄金价格上涨。

也就是说，若 ADP 就业数据好于预期，投资者对小非农数据的乐观预期将会利好美元，黄金可能因此受到打压。若 ADP 就业数据差于预期，投资者对小非农数据将会悲观，利好黄金价格，打压美元指数。

因为根据 ADP 数据，如果就业状况良好，民众购买力便增强，经济也随之好转，这种情况下，投资者对小非农数据持乐观态度，将会利好美元，利空黄金。反之，如果小非农数据不乐观，消费得不到刺激，投资者将会利空美元，利好黄金价格。

小非农数据之所以能够影响黄金价格，是因为小非农数据会影响国家的

货币政策。从这个角度来说，经济效应低迷，美元贬值，黄金价格就会上涨，经济效应上升，美联储会倾向加息，美元升值，那么黄金价格就会下跌。

3.3.2 如何布局小非农

美国的小非农 ADP 数据对金属市场等影响甚大，这里分为小非农数据公布前和小非农数据公布后两种情况进行分析。

美国非农数据公布前，一般市场波动性较小，可以选择轻仓操作，投资者可以通过看 5 分钟线来进行具体操作，相对空头可做多，相对多头则做空。

美国非农数据公布后，市场已经出现方向，追多或是追空需在瞬间做出果断抉择，黄金价格走势处在空头就做空，多头即做多，要及时顺从黄金价格走势的大方向。

对于小非农数据公布之前的操作，还要以当下实际情况作为参考，并观察市场的趋势变化，正如美联储加息事件期间公布的小非农数据，投资者可在数据前观望为主，想要操作的可以小区间操作，在数据公布前择机出场。

而非农数据公布后的操作，投资者仍然要以当下实际情况作为参考，同样要仔细观察市场趋势的变化。

若是市场争议较大，投资者也可以放弃立即操作，选择观望，甚至过一段时间，待非农数据对市场的冲击结束后再伺机操作，这样可以尽量把自身的投资风险缩小。

同时，在小非农数据公布之后，投资者要坚定一个方向且带好止损。适当的放大止损是必要的，同时非农行情会在关键支持和阻力附近形成假突破，要注意避免。

3.4 初请失业金人数与黄金的关系

黄金价格的上涨与下跌，除了与美联储加息和非农数据有关系之外，还和初请失业金人数相关联。

初请失业金人数（Initial Jobless Claims）反映的是各州失业救助机

构前排队申领失业保险金的人数的多少，首次申领或持续申领的人数也同样重要。

该报告不是按测算的劳动力总量计算正在工作（或没有工作）的人的百分比的总数，而是统计现在正在排队等候领取失业保险金的人数。

初请失业金人数是市场上最瞩目的经济指标之一，也是反映其国内劳动力市场状况的指标之一，其人数的变化会进一步地影响黄金价格。

3.4.1 初请失业金人数与黄金价格

上文提到过，初请失业金人数是市场上最瞩目的经济指标之一，也是反映其国内劳动力市场状况的指标之一，并且会影响黄金的价格。投资者在每周公布失业金前后进行布局之前，先来了解初请失业金人数与黄金的关系。

初请失业金人数是反映其国内劳动力市场状况的指标之一，初请失业金金人数的增加反映了被解雇的人数增加或寻找新工作的难度有所增大，因为美国是一个完全消费型的社会，消费意欲是经济的最大动力所在，如果每周都有不少美国人丢掉工作而申请失业救济，则会严重抑制消费信心。

初请失业金人数的增加与失业率相互关联。若是失业率降低，则表示初请失业金人数降低；而失业率提高，则表示初请失业金人数提高。

初请失业金人数与黄金价格呈现如下关系：初请失业金人数的数据越高，劳动力市场越不乐观，经济发展越不稳定，相对美元是利空，利多黄金。

初请失业金人数的数据越低，说明劳动力市场越发得到改善，对经济增长的前景越发乐观，利多美元，利空黄金。

可以看出，初请失业金人数与黄金价格走势具有密切的关联。

3.4.2 每周公布失业金前后，投资者应进行布局

正所谓“黄金投资亦如下棋，棋艺高者能看出五步、七步甚至十几步，而棋艺低者只能看出两三步”，所以，在公布初请失业金人数之前和公布初请失业金人数之后，投资者要争做棋艺高者，提前进行布局。

公布初请失业金人数的数据之前，投资者应该如何布局黄金呢？答案是分为三个步骤。第一个步骤：观察初请失业金数据前的基本面市场的反应；

第二个步骤：根据行情，做好介入的准备；第三个步骤：做好初请失业金对黄金市场冲击的准备。具体讲解如下。

第一步，观察初请失业金数据前的基本面市场的反应，将前几期的数据进行比较，进而大体判断数据好坏以及对黄金的影响。

第二步，在关键的位置附近做好两手准备，从行情的走势大体来判断和准备好介入的位置，采取分批介入和轻仓先行的方式，将风险化解小一点。

第三步，做好初请失业金对黄金市场冲击的准备，选择观望或者初请失业金震荡对市场的冲击结束之后再介入。

除此之外，在数据公布前，投资者还可以采用黄金分割、波浪理论、月 K 线等多种技术手段，对黄金价格的中长期走势做一个大致判研。

而公布初请失业金数据之后，投资者应该如何布局呢？答案如下。

综合来讲，根据初请失业金人数与黄金价格呈现的关系，若初请失业金人数的数据高，则意味着美元是利空，黄金是利多。所以，投资者可以做多黄金。

若初请失业金人数的数据低，则意味着美元是利多，黄金是利空。所以，投资者可以做空黄金，或者不进行操作，而是静待观望。

但是，投资者还应该把握不同时段内影响黄金价格的多种因素，尤其是影响黄金的其他因素，在数据公布后结合其他数据和事件，结合大宗商品反响等来综合分析黄金价格趋势。

3.5 非农数据与黄金不可分割

失业率数据的反面是就业数据（The Employment Data），其中最有代表性的是非农业就业数据。

3.5.1 什么是非农业就业数据

美国非农业就业数据是美国失业率数据中的一项，反映出农业就业人口以外的新增就业人数，与失业率同时发布，由美国劳工部统计局在每月第一个星期五美国东部时间 8:30 也就是北京时间星期五 20:30 发布前一个月的数据。

非农业就业数据是美国经济指标中最重要的数据，是影响汇市波动最大的经济数据。

根据其影响力和作用力，能够对经济市场带来不同的变化。

非农业就业人数减少，消费性以及服务性行业的职位也就减少；非农业就业人数增加，消费性以及服务性行业的职位也就增多。

也就是说，当非农业就业人数减少时，表明社会经济发展较慢，那么，消费自然随之而减少，消费性以及服务性行业的职位也就减少。

当非农业就业人数增加时，表明社会经济发展较快，那么，消费自然随之而增加，消费性以及服务性行业的职位也就增多。

所以，当非农业就业数据大幅增加时，表明了一个健康的经济状况，理论上对汇率应当有利，并可能预示着更高的利率，而潜在的高利率促使外汇市场更多地推动该国货币价值。

当非农业就业数据大幅降低时，表明了一个不太健康的经济状况，理论上对汇率应当有弊，并可能预示着较低的利率，而潜在的低利率则难以促使外汇市场更多地推动该国货币价值。

3.5.2 非农数据影响黄金的四种走势

非农业就业数据高，证明美国就业市场健康发展，就业率的提升说明美国经济繁荣景气，那么，这样就会导致美元上涨，黄金、白银正好和美元是成反比的。反之，美国经济萧条，会打压美元。

根据非农数据对黄金的影响，在非农数据公布之前，投资者应该仔细分析近期公布的就业数据，排除那些预期数据游戏，只要最终非农数据保持增长势头就能说明美国就业市场仍处于复苏状态之中（既然美国就业市场处在复苏状态，那么还要结合美联储加息和量化宽松政策的影响）。

综合来说，非农数据对黄金价格走势能产生如下四种影响。

第一种影响：非农业就业数据大于前值、大于预期，利多美元、利空黄金。

第二种影响：非农业就业数据小于前值、小于预期，利空美元、利多黄金。

第三种影响：非农业就业数据小于预期但大于前值，黄金先涨后跌。

第四种影响：非农业就业数据大于预期但小于前值，黄金先跌后涨。

上述四种判断方法是笔者对非农多年来跟踪统计得出的结论，也就是，非农数据与黄金价格的影响，与非农数据的前值和预期是分不开的。

3.5.3 非农前后如何操作黄金

非农数据公布之前和非农数据公布之后，投资者应该如何布局和操作黄金呢？下面以 2013 年 6 月 7 日美国非农数据公布为例进行说明，如表 3–3 所示。

表 3–3　美国非农业就业人数变化

美国非农业就业人数变化				
时期	前值（万人）	市场预期（万人）	结果（万人）	公布日期
2013 年 8 月	16.2	18.0	16.9	2013 年 9 月 6 日
2013 年 7 月	19.5	18.5	16.2	2013 年 8 月 2 日
2013 年 6 月	17.5	16.5	19.5	2013 年 7 月 5 日
2013 年 5 月	16.5	16.5	17.5	2013 年 6 月 7 日
2013 年 4 月	8.8	14	16.5	2013 年 5 月 3 日
2013 年 3 月	23.6	19.0	8.8	2013 年 4 月 5 日
2013 年 2 月	15.7	16.5	23.6	2013 年 3 月 8 日
2013 年 1 月	15.5	16.5	15.7	2013 年 2 月 1 日

观察表 3–3，2013 年 6 月份的非农数据变化，前值为 16.5 万人，市场预期为 16.5 万人，可见此次市场对非农业就业人数增幅并没太大预期。

失业率前值为 7.5%，市场预期为 7.5%，预期和前值一样，同时，公布的美盘初请失业金人数略高于市场前值，利多黄金。

根据上文中笔者总结的四种数据对黄金的影响（第一种情况：非农业就业数据大于前值及预期，利多美元、利空黄金；第二种情况：非农业就业数据小于前值及预期，利空美元、利多黄金；第三种情况：非农业就业数据小于预期却大于前值，那么黄金将先涨后跌；第四种情况：非农业就业数据大于预期却小于前值，黄金将先跌后涨）来判断，实际非农业就业数据是 17.5 万人，大于前值和市场预期，所以，第二、第三和第四种情况不存在，只可考虑剩下的第一种情况，即非农业就业数据大于前值及预期，利多美元、利空黄金。

3.6 失业率间接影响黄金价格

失业率对黄金价格也具有一定的影响。

3.6.1 失业率公布值的理论作用

失业率是指一定时期内满足全部就业条件的就业人口中仍未有工作的劳动力数字，旨在衡量闲置中的劳动产能，是反映一个国家或地区失业状况的主要指标。

在美国，失业率每月第一个周五公布。失业数据的月份变动可适当反映经济发展。

通过失业率指标可以判断一定时期内全部劳动人口的就业情况。一直以来，失业率数字被视为一个反映整体经济状况的指标，间接地影响黄金的价格，即失业率下降，代表整体经济健康发展，利好美元，黄金价格下跌，失业率上升，便代表经济发展放缓、衰退，利空美元，黄金价格上涨。

3.6.2 为何非农数据都看就业率，而不看失业率

经济展望集团首席全球经济学家伯纳德·鲍莫尔（Bernard Baumohl）在《经济指标解读》一书中表示，市场之所以对非农数据如此敏感有两大原因：第一，能够反映出美国最新的就业情况；第二，有效预测美国经济的整体情况。

非农业就业数据是每月第一个公布的重要经济数据，而且是调查所得后

一个星期即公布，能够反映出美国最新的就业情况。

非农数据发布的同时，劳工部还会公布其他就业情况，这对预测美国经济的整体情况非常有效。

同时，鲍莫尔还指出，由于美国经济大约有七成的增长以内部消费为主，所以得知就业数据就可以预测美国整体的消费情况。

所以，相对于非农数据而言，失业率的月度波动幅度要小得多，失业率修正前与修正后的误差也较小，对市场而言就少了很多的投机乐趣。

而非农数据的预测很难，美国劳工部每月会对企业进行调查，其中包括各个行业的就业情况，小时工资和加班情况，还会对家庭进行调查，在得到调查结果之后，将数据输入模型，推算非农数据，得出初值。

除初值难以预测之外，非农数据的“高深莫测”还在于其初值公布之后，往往在之后的两个月内进行修正。

对投资者来说，非农数据不仅是美国的，也是世界的，对于最敏感的汇市，非农数据的影响力尤为巨大。

所以，非农之夜，投资者以及分析师都看非农就业率，而不看失业率。

3.7 黄金的战争情结

众所周知，在战乱和政局震荡时期，经济的发展会受到很大的限制，任何当地的货币都可能会由于通货膨胀而贬值。

黄金具有避险功能，有着公认的特性，为国际公认的交易媒介，在这种特殊的时刻，人们都会对黄金进行抢购，这就会造成黄金价格的上涨，但是，从近年的战争对黄金价格影响来看，战争期间，黄金的价格不一定会上涨。

3.7.1 过去战乱时期，对黄金价格影响较大

在过去，战乱时期经济不稳定，当权政府局势的不稳定也会造成当权政府发行的货币严重贬值，也就是我们所说的钱不值钱了，有可能造成当局政府发行的货币作废，因为黄金可以当作货币在全世界流通，所以大多数人都

会大量囤积黄金，尽量把手中的货币兑换成黄金，因此就造成了战乱时黄金价格飞涨的原因。

同时，黄金作为避险资产，不仅可以避免战争带来的危险，还可作为曾经的货币，有着重要的投资和保值的功能。

在民间也有一句俗话，“大炮一响，黄金万两”，黄金作为传统的避险资产，在局势紧张的时刻似乎总是受到投资者的关注。

3.7.2 近年战争，对黄金价格影响较小

相比较过去战乱，近年战争期间，人们仿佛并不是那么关注黄金，如表 3-4 所示。

表 3-4 战争期间黄金价格变化（一）

战争	开始	结束	前一个月（黄金价格涨跌幅度）	前一周（黄金价格涨跌幅度）	后一周（黄金价格涨跌幅度）	后一个月（黄金价格涨跌幅度）	当天（黄金价格涨跌幅度）
海湾战争	1991 年 1 月 17 日	1991 年 2 月 28 日	1.55%	4.11%	−7.44%	−9.31%	−5.96%
北约空袭南联盟	1999 年 3 月 24 日	1999 年 6 月 10 日	−1.01%	−0.82%	−1.58%	−0.35%	−0.26%
阿富汗战争	2001 年 10 月 7 日	2014 年 12 月 29 日	7.08%	−0.77%	−2.25%	−3.52%	0.31%
利比亚战争	2011 年 2 月 16 日	2011 年 10 月 20 日	5.20%	2.05%	3.52%	1.83%	0.05%

观察海湾战争和利比亚战争前期和后期黄金价格的上涨与下跌，海湾战争中黄金价格的涨跌幅度在 9% 以下，而在利比亚战争中黄金价格的涨跌幅在 6% 以下，可以看出，在利比亚战争前期和后期对黄金价格的影响较小，为什么近年战争对黄金价格涨跌幅度的影响没有前几年高呢？

通过表 3-4 中的数据，可以更清楚地看到，在战争开始前一个月和战争爆发当日，黄金价格上涨与下跌的概率。

若是详细分析，则可以发现，黄金价格上涨的情况在海湾战争、阿富汗

战争和利比亚战争前夕发生，而阿富汗战争和利比亚战争前夕黄金价格涨幅较大（5 美元到 10 美元，3% 至 10%），在利比亚战争和阿富汗战争后期黄金价格涨幅和跌幅与海湾战争有所不同，黄金价格没有如期下跌，反而有所上涨。

近年的战争对黄金价格具有影响。

市场避险手段相对较多，是因为其他投资品种的兴起。市场上避险手段增多，投资者也倾向于其他投资品种。

而国际主要货币的相对稳定，比如美元、欧元，国际环境形势较金融危机发生时也趋于稳定，金融市场兑换自由。

正因目前世界几大主要货币相对都比较稳定，所以，不论是美元、欧元还是英镑，即便是担心战争而贬值，投资者也没有理由将大量资金换成黄金（部分是有可能的），而应该换成可以直接对外投资的货币。

尽管战争是影响黄金价格的因素之一，但是透过现象看本质，要判断黄金价格中长期走势，短期内，战争这个不稳定因素可能会对黄金价格的波动有所影响，但这种影响是抵不过大形势的。

若是战争持续时间很长，随着战争的进行，投资者将会渐渐看清楚战争形势对金价的影响，由此，战争因素对金价的影响也就渐渐弱化。

市场更喜欢炒作预期，随着市场炒作预期的结束，而一旦当预期兑现，金价由于已经包含了战争带来的避险因素，故多头的获利平仓将使得金价回归基本面。

大体形势上，在近年的战争期间，黄金作为抵押物的地位越来越低。

3.7.3 战争之后为何黄金不涨反跌

通过研究黄金在几次战争时期的表现后，便可发现战争并不能对金价产生持续的推升作用。一般来说，战争开始前和宣战的当天，黄金表现总体较好，而在战争开始后，由于黄金已经计入了战争的影响因素，金价通常便开始走下坡路，如表 3-5 所示。

表 3-5　战争期间黄金价格变化（二）

战争	开始	结束	前一个月（黄金价格涨跌幅度）	前一周（黄金价格涨跌幅度）	后一周（黄金价格涨跌幅度）	后一个月（黄金价格涨跌幅度）	当天（黄金价格涨跌幅度）
海湾战争	1991 年 1 月 17 日	1991 年 2 月 28 日	1.55%	4.11%	-7.44%	-9.31%	-5.96%
北约空袭南联盟	1999 年 3 月 24 日	1999 年 6 月 10 日	-1.01%	-0.82%	-1.58%	-0.35%	-0.26%
阿富汗战争	2001 年 10 月 7 日	2014 年 12 月 29 日	7.08%	-0.77%	-2.25%	-3.52%	0.31%
利比亚战争	2011 年 2 月 16 日	2011 年 10 月 20 日	5.20%	2.05%	3.52%	1.83%	0.05%

通过表 3-5 中的数据，可以更清楚地看到，在战争开始前一个月和战争爆发当日，黄金价格上涨与下跌的概率。

战争之前，由于各种原因（包括避险情绪）推高了金价，而随着战争的进展，战争引起的避险情绪得到缓解，所以会出现暂时性的金价下跌。而这之后的走势，应该还是由大环境、大形势决定的。

这也就更加证明了近年的战乱对黄金价格影响较小，而且战争之后黄金价格不上涨，反而下跌。

3.8　美元与黄金，黄金与美元

美元之所以叫美金，是因为美国美元与黄金是等价物，在美国，有多少的美元就必须库存多少的黄金，这在金融学中称为“布雷顿森林体系”。

“二战”后建立起来的布雷顿森林体系规定：美元作为最主要的国际储备货币，直接与黄金挂钩，各国货币则与美元挂钩，并可按 35 美元 / 盎司的官价向美国兑换黄金。这就是金本位制度的开始。

3.8.1 金本位的诞生及瓦解

金本位是如何诞生的，又是如何瓦解的？下面分为三个步骤进行详细的介绍，即牛顿创立金本位制、朱元璋废除金本位制、金本位的彻底瓦解。

1. 牛顿创立金本位制

金本位是以黄金为本位币的货币制度，最早实行金本位制的国家是英国，是由人们熟知的著名物理学家、数学家、科学家和哲学家牛顿提出的。

据历史记载，牛顿从事科学研究近 30 年，而弃学从政的时间也将近 30 年的时间。正是在他从政的那段时间，牛顿成功地解决了英国货币重铸遇到的问题，成为英雄铸币史上甚至世界铸币史上做出巨大贡献的人。

1699 年，55 岁的牛顿来到伦敦塔。这里是当时英国唯一的铸币厂的所在地，而此时的牛顿也有一个全新的身份——“英国皇家铸币厂厂长”。成为铸币厂厂长的牛顿开始展开了工作。

1717 年，牛顿提出了一项新的政策主张，就是把黄金与英磅之间的价格比率固定在统一的标准上，不允许任何人按照不同于此的价格兑换黄金，这就是金本位的开始。以黄金作为担保品，用固定的价格、标准来固定其他货币，从此黄金成为货币担保当中的主要角色，这也为之后的金本位制奠定了基础。

能够看出，牛顿想要创造的是像黄金一样好的货币，就是像黄金一样稳定的货币，要想这么做，唯一有效的方式就是固定英磅和黄金的兑换比率。

除此之外，由于当时白银外流、黄金内流，黄金和白银的比价关系发生了急剧的变化，英国的货币体系出现了紊乱，而最急需的措施就是保持货币体系的稳定。

契约是真正使得黄金与英磅捆绑的主要因素，是兑换的标准化。兑换的标准就是契约。黄金与英磅通过统一的兑换标准，被紧紧地联系在一起，在这种契约的背景约束之下，使得英国同黄金站在了一起。

金本位制有如下特点。

特点一：用黄金来规定货币所代表的价值，每一货币单位都有法定的含金量，各国货币按其所含黄金重量而有一定的比价。

特点二：金币可以自由铸造，任何人都可按本位币的含金量将金块交给国家造币厂铸成金币。

特点三：金币是无限法偿的货币，具有无限制的支付手段的权利。

特点四：各国的货币储备是黄金，国际的结算也使用黄金，黄金可以自由输出与输入。

特点五：由于黄金可在各国之间自由转移，这就保证了外汇行市的相对稳定与国际金融市场的统一。

但是，随着时间的发展、经济的发展，金本位制度出现了瓦解。

2. 朱元璋废除金本位制

人类第一张纸币出现在中国的北宋时期，与惯常使用的白银、黄金相比，人们立刻发现纸币有很多好处，便于携带，很快得到了广泛的使用。

自从纸币出现的那一天起，以黄金为首的贵金属，作为流通货币的地位和权威就受到了强有力的挑战，黄金成本高、难以携带，而纸币成本低廉、便于携带。

中国历史中的朱元璋运用手里的权力改变了这个游戏的规则，由于决定修缮都城南京的城墙，缺少资金，便强行发行纯信用纸币，一张名为大明通行宝钞的纸币开始在全国范围内流通。为了推动和保障大明宝钞的流通，朱元璋专门制定了严苛的法律，民间不得使用黄金和白银，违者治以重罪。历史上把这一举动称为“禁银”。就这样，朱元璋成为中国历史上第一个使一个国家摆脱黄金和白银束缚的人。

让纸币从此成功脱离了黄金的管辖和束缚，摆脱了实物担保的特征，将纸币的发行纯寄托于国家信用，这在世界历史上可以说是影响深远，这也是中国历史上金本位制的成功瓦解的开始。

3. 金本位制的彻底瓦解

第二次世界大战后，建立了以美元为中心的国际货币体系。这实际上是一种金汇兑本位制，美国国内不流通金币，但允许其他国家政府以美元向其兑换黄金，美元是其他国家的主要储备资产。

但其后受美元危机的影响，该制度也逐渐开始动摇，至 1971 年 8 月美国政府停止美元兑换黄金，并先后两次将美元贬值后，这个残缺不全的制度也崩溃了。

金本位制通行了约 100 年，其崩溃的主要原因有如下几点。

第一点：黄金生产量的增长幅度远远低于商品生产增长的幅度。

第二点：黄金存量在各国的分配不平衡。

第三点：黄金被参战国集中用于购买军火。

具体来说，黄金生产量的增长幅度远远低于商品生产增长的幅度，黄金不能满足日益扩大的商品流通需要，这就极大地削弱了金铸币流通的基础。

黄金存量在各国的分配不平衡，是因为 1913 年年末，美国、英国、德国、法国、俄国五国占有世界黄金存量的三分之二，黄金存量大部分为少数强国所掌握，必然导致金币的自由铸造和自由流通受到破坏，削弱其他国家金币流通的基础。

第一次世界大战爆发，黄金被参战国集中用于购买军火，并停止自由输出和银行券兑现，从而最终导致金本位制的崩溃。

3.8.2 美元与黄金反方向下的弱关联

美元与黄金在世界经济的发展过程中一直是人们关注的焦点，美元与黄金之间价格的轻微波动都会影响全球经济走势。

投资者应该知道的是，美元不仅是美国的法定货币，还是国际结算货币。在投资市场中，通常分析美元走势的工具是美元指数。美元指数是综合反映美元在国际外汇市场的汇率情况的指标，显示的是美元的综合值，一种衡量各种货币强弱的指标。

这个指标能够间接反映美国的出口竞争能力和进口成本的变动情况，如果美元指数下跌，则说明美元对其他的主要货币贬值。

在第 1 章中介绍过，黄金具有货币的属性，正因此特性，黄金可作为国际结算货币，具有人力所不能左右的商品信用，一旦国家信用为基础的纸币受到冲击，黄金的货币属性就开始逐渐凸显出来。

当今的世界货币体系，建立在中央银行或财政部的黄金基础之上。在金融危机的背景下，美元疲软走弱。此时，黄金的重要性便被提到国际经济舞台上。

所以，黄金和美元之间呈现反方向下的弱相关，如图 3-1 所示。

•图 3-1　黄金和美元的关系

也就是说，美元作为国际黄金市场上的标价货币，升值或贬值将直接影响到国际黄金供求关系。

美元的黄金价格的变动遵循最基本的经济规律，由供给和需求决定。由于黄金是用美元计价，当美元贬值时，等量的其他货币可以买到更多的黄金，从而刺激需求，导致黄金的需求量增加，进而推动金价走高。

黄金作为美元资产的替代投资工具，当美元走势强劲时，投资美元升值获利的机会增大，投资者自然会追逐美元。相反，当美元走势疲软时，投资者又会趋向于投资黄金，黄金价格就会呈现上涨趋势。

根据美元与黄金之间的关系，国际上，黄金一直以美元计价。

3.8.3　为何投资者习惯参考美元做黄金

这就要提到美元的国际地位了。

随着美国的强大，早年还将美元与黄金储备紧密挂钩，由于美元稳定的高含金量，全球对美元产生了高信誉，全球各国逐渐将美元作为国际间商品结算货币，并得到了较普遍的认同，使这单一国家货币成为国际结算货币。

在全球外汇市场交易中，美元是交易最活跃的货币，由此美元也就具有美国国家货币和国际结算货币的双重身份。正是因为美元的国际地位很高，导致世界黄金市场一般都以美元标价，所以美元贬值势必导致金价上涨。

由于黄金市场价格是以美元标价的，美元升值会促使黄金价格下跌，而美元贬值又会推动黄金价格上涨，可见，美元强弱在黄金价格方面会产生非常重大的影响。

同时，美元与黄金的负相关关系也证明了，美元跌的时候黄金在涨，而黄金跌的时候美元则往往处于上升途中，所以，投资者更加习惯参考美元来投资黄金。

3.9 实物黄金供需与黄金价格相辅相成

实物黄金的供给与需求对黄金价格会产生一定的影响，以供给与需求之间的原理来分析黄金价格，如果黄金的供给大于黄金的需求，那么黄金的价格下降，如果黄金的供给小于黄金的需求，那么黄金的价格上涨。

黄金的供给，离不开对黄金的开采。

1. 开采成本是否影响金价

之前，每一次现货黄金价格达到 1200 美元 / 盎司附近的时候，现货黄金投资市场就会出现研讨黄金成本价的声音，大体论调基本是市场价格已经临近黄金开采成本价格。

随着近几年的发展，全球十大黄金开采企业中，7 家企业数据显示目前黄金的平均开采成本达到了 1201 美元 / 盎司。因此，1200 美元 / 盎司成为世界公认的黄金平均成本价。

市场中有很多投资者认为黄金的开采成本价会对黄金价格带来一定程度上的影响，但事实上并不是这样。对于黄金的成本支撑这个模糊的概念本是一个没有太大参考价值的方向，尤其是在近几年黄金的开采已经达到峰值，且金价较为稳定的情况下。

所以，笔者认为对黄金开采成本这样一个模糊的概念值，没有太过必要去关注。

2. 2013 年中国大妈“抢金潮”为何金价不涨

2013 年 4 月上旬，国际市场黄金价格一度面临着暴跌，因此当时购买黄金作为投资理财就成了大家热议的一个话题。据说国际上那些金融大鳄、华尔街巨头都在做空黄金，纷纷往外抛，黄金价格一路往下走低，但是，此时以“中国大妈”为代表的投资者和购买者出手了，花了一千个亿，买走了市场中 300 吨黄金。

以“中国大妈”为代表的投资者和购买者，还要不要再买黄金作为保值或投资，这成为一个备受争议的话题。

其实以前很多投资者对黄金还是比较理性的，当投资者已感受到黄金将在短期或未来进入长时间的低迷，实物黄金隔岸观望者居多，2013 年 4 月份，黄金价格更是持续走低，让很多投资者怦然心动，购买黄金就如购买白菜，很多国内投资者开始抢购实物黄金、首饰、金条。

这种购买力度推动了黄金价格的上涨，但这也是短时间的，300 多吨的黄金不会影响以及撼动国际市场上黄金价格的走势，实物黄金的抢购不可能构成黄金价格未来走势真正的推动力量。

第 4 章

预防与分析，现货金价浮动的辅助动机

本书第 3 章中介绍过“吉布森悖论”，可以说基本面分析是用来预测黄金市场走势的重要一部分，是黄金投资过程中非常关键的不可缺少的一步。

同时，黄金特有的货币属性，与其重要的工业、民用价值，意味着判断黄金价格的波动需要从众多方位综合考虑其供求关系，本章继本书第三章，接着对黄金价格进行基本面分析。

本章导读：

- 美国 GDP 数据：与金价呈现相反关系
- 原油：与黄金价格呈现正相关
- 黄金 ETF 持仓量：反映黄金市场投资者情绪
- 采购经理人指数（PMI）：与黄金价格呈现反向关系
- 耐用品销售（订单）：与货币相关联
- 消费者信心指数：消费拉动利率
- 美国消费者物价指数（CPI）：从通货膨胀中看金价
- ISM 制造业指数：衡量制造业的体检表
- 新屋开工及营建许可建筑类指标：经济发展的领先指标

4.1 美国 GDP 数据：与金价呈现相反关系

通常 GDP 数据是分析一个国家经济状况的重要指标，同时，也反映了现货黄金价格的走向。

4.1.1 GDP 数据直接反映经济状况

国内生产总值即 GDP，是指在一定时期内（一个季度或一年），一个国家或地区的经济中所生产出的全部最终产品和劳务的价值，通俗的理解就是一个国家一段时期的总收入。

GDP 常被公认为衡量国家经济状况的最佳指标，它可以反映一个国家的经济表现，还可以反映一个国家的国力和财富。GDP 大幅度增长，会增加该国货币的吸引力；而 GDP 呈现负增长，会减少该国货币的吸引力。

具体而言，一个国家的 GDP 大幅度增长，反映出该国经济发展蓬勃，国民收入增加，消费能力也相应增加。在这种情况下，该国中央银行将有可能提高利率，锁紧货币供应，国家经济表现良好，以及利率的上升，会增加该国货币的吸引力。

相反，如果一个国家的 GDP 呈现负增长，则反映出该国经济处于衰退状态，国民收入减少，消费能力降低。该国中央银行将可能减息，以刺激经济再度增长，利率下降，加上经济表现出不景气的状态，该国货币的吸引力会随之降低。

因此，高经济增长率会推动本国货币汇率的上涨，低经济增长率会造成该国货币汇率的下跌。

上文中介绍过，GDP 是一个国家所有常驻单位在一定时期内生产的所有最终产品和劳务的市场价值，是该国国民经济核算的核心指标。因而，在现货黄金的分析中，美国 GDP 是一个非常重要的指标。

美国 GDP 是由美国经济分析局按季度、年度负责发布。GDP 报告包括美国各经济部门详细经济数据，它提供广泛的经济信息，包含经济周期内的各种经济发展情况。GDP 作为一个总量经济指标，反映了美国宏观经济运行中生产、分配和使用经济资源的总体水平，是衡量美国经济情况最重要的指标。

所以，作为世界上影响力最大的国家，也是世界上唯一的超级大国——美国，各项经济指标对现货黄金的价格都有着或多或少的影响，如表 4-1 所示，2017 年美国 GDP 位居世界各个国家 GDP 中的第一位。

表 4-1　2017 年全球十大强国 GDP 排名及数据

2017 年全球十大强国 GDP 排名及数据		
排名	国家	GDP 数据（亿美元）
第一名	美国	195558.74
第二名	中国	131735.85
第三名	日本	43421.6
第四名	德国	35954.06
第五名	英国	32322.81
第六名	印度	26074.09
第七名	法国	25865.68
第八名	意大利	19329.38
第九名	巴西	17592.67
第十名	加拿大	16823.68

正因美国的强大，GDP 稳居第一，进而使得美国经济的状况对全球经济的影响重大。因此，黄金价格与美国 GDP 数据息息相关。

4.1.2　美国国民生产总值 GDP 与现货黄金呈反比

通常来说，美国 GDP 对黄金价格的影响，主要从汇率与消费两方面来体现。

若是从汇率的角度来看，美国国民生产总值 GDP 越高，则说明美国经济发展良好，汇率趋强，意味着美元利多，进而利空黄金。反之，美国国民生产总值 GDP 偏低，则说明美国经济发展不好，汇率减弱，意味着美元利空，则利多黄金。

若是从消费的角度来看，美国国民生产总值 GDP 增长推升了美元的升值，从而打压了黄金价格走势，造成黄金的贬值。

这里，投资者需要注意的是，国民生产总值 GDP 的高与低，是如何衡量的呢？投资者可以考察该年度 GDP 与去年同期数据相比的结果，增速提高，或高于预期，均可视为利好。

4.2 原油：与黄金价格呈现正相关

在人类社会中，无论是过去还是现在，黄金和石油都扮演着极其重要的角色：黄金是公认的货币，而石油自工业革命以来，也逐渐成为现代社会的血液。

黄金和石油在价格波动上有相似之处，长期以来，虽然金价与油价的涨跌幅度不尽相同，但二者却有着千丝万缕的联系。

4.2.1 石油的国际地位

石油又称原油，主要被用来作为燃油和汽油，燃料油和汽油组成目前世界上最重要的一次能源。

原油的分布从总体上来看，波斯湾和墨西哥湾两大油区和北非油区集中了 51.3% 的世界石油储量；主要的产油国有阿联酋、沙特阿拉伯、科威特、伊拉克、伊朗、俄罗斯、委瑞内拉等国。

与黄金一样，石油地位在当今乃至未来都相当重要，石油是当代工业社会运行的重要战略物资，是不可再生的资源，是国际市场上活跃的交易品种。

自西方工业革命后，黑金（石油）一直充当现代工业社会运行血液的重要战略物资，而石油在国际政治、经济、金融领域具有举足轻重的作用，“石油美元”一词的出现，更是足以说明石油在当今世界经济中的重要性。

与黄金一样，石油作为非可再生资源，其作用的地位在当今乃至未来都相当重要。

4.2.2 石油与黄金呈现正相关关系

我们知道，加大黄金的储备被各国当作保护本国经济安全、应对通货膨胀的重要手段，因此石油和黄金被世界各国当作本国的战略物资进行战略储备。

从历史角度来看，黄金价格和石油价格的关系可以大致分为以下几个阶段。

第一个阶段：布雷顿森林体系崩溃以前的稳定期。

第二个阶段：20 世纪 70 年代初期至中期的上涨期。

第三个阶段：20 世纪 70 年代中期至 80 年代的上涨期。

第四个阶段：自 20 世纪 80 年代开始的 20 多年的低迷期。

第五个阶段：21 世纪初的上涨期。

“二战”以后到 20 世纪 70 年代，油价和金价之间的比率几乎保持不变，基本上维持在 1 ∶ 6 的稳定关系，即黄金与石油的兑换关系大约为 1 盎司黄金兑换 6 桶石油。

1973 年，布雷顿森林体系瓦解，油价与金价之间原来 1 ∶ 6 的关系不复存在。在黄金价格上涨了数年后，石油价格亦开始上涨。但此后石油价格上涨的势头基本赶上了先前金价上涨的势头。

主要受第二轮美元贬值、第二次世界石油危机（1979—1980 年）影响，在本轮涨势中，黄金价格率先大幅上涨，石油紧随其后，并且双双达到了历史最高价。这个时期恢复了石油与美元的价值相对平衡和对等。

从 1981 年开始价格下跌，长达 20 多年的价格低迷时期中，黄金和石油也并非一直处于价格下跌态势。受国际事件的刺激，金价、油价曾有短时间的上涨，可惜无力维持。

20 世纪末以来的再度上涨阶段，这个时期经历过战争事件，油价持续走高，而由于国际公约的约束，欧洲央行对黄金的抛售受到遏止，金价处于稳步上涨阶段。

作为国际商品市场上交易活跃的黄金和石油，它们的价格变动牵动世界的经济，它们之间的关系值得我们去深究，而二者之间的关系还少不了作为介质的美元，即美元走势的涨跌会对石油和黄金价格的升降有影响，油价的波动会对美国的经济发展带来直接的影响。

详细来说，石油和黄金在国际市场上都是以美元作为结算货币的，美元走势的涨跌会对石油和黄金价格的升降有影响。

接着，油价的波动会对世界经济尤其是经济总量和原油消费世界第一的美国的经济发展带来直接的影响，美国的经济走势又直接影响美元的升跌，从而引起用美元结算的黄金和石油等重要物资的价格涨跌。

据国际货币基金组织估算，油价每上涨 5 美元，将削减全球经济增长率约 0.3 个百分点，美国经济增长率则可能下降 0.4 个百分点。当油价连续飙升时，国际货币基金组织也随即调低未来经济增长的预期。

可见，油价已经成为全球经济的“晴雨表”，高油价也意味着经济增长的不确定性增加以及通胀预期逐步升温，继而推升黄金价格。因此，黄金与石油之间存在正相关的关系，即石油价格的上升预示着黄金价格也要上升，石油价格的下跌预示着黄金价格也要下跌。

从中长期来看，黄金与原油价格波动趋势是基本一致的，只是大小幅度有所区别。但是，黄金与石油按美元计价的价格波动相对平稳。

4.3　黄金 ETF 持仓量：反映黄金市场投资者情绪

很多投资者善于关注黄金ETF持仓量，这主要有两方面的原因。一方面，黄金 ETF 是美国民间最普及的黄金投资方式，其持仓变化可以反映市场情绪变化。

另一方面，黄金 ETF 的持仓变化，本身也代表了黄金市场买盘和卖盘的变化，即反映黄金市场多空力量的对比情况。

4.3.1 黄金 ETF 持仓量的运行

黄金 ETF 持仓量，是指一种以黄金为基础资产，追踪现货黄金价格波动的金融衍生产品。

黄金 ETF 持仓量的运行方式，是由大型黄金生产商向基金公司寄售实物黄金，随后由基金公司以此实物黄金为依托，在交易所内公开发行基金份额，销售给各类投资者，商业银行分别担任基金托管行和实物保管行，投资者在基金存续期间内可以自由赎回。

从黄金 ETF 的定义中，可以理解出黄金 ETF 和黄金价格有密不可分的联系。黄金 ETF 的持仓变动是影响现货黄金价格走势的最重要的一个因素。

这是因为黄金 ETF 持仓量的变化对金价的影响是一种传导效应的体现，而非直接作用于黄金价格之上。黄金 ETF 持仓量在被动跟踪金价走势的同时，当市场投资情绪达到一致时，其额外的购买压力也可以转化成对实物黄金的需求，从而传导作用在黄金价格走势上。

这就是黄金投资趋势也是黄金价格波动的因素。

因此，黄金 ETF 持仓的增加 / 减少，一般意味着对当前市场的判断是做多还是做空的看法。

4.3.2 黄金 ETF 持仓量影响黄金价格

黄金 ETF 持仓量一般都是看黄金的持仓数据，是否增持或者减持黄金来作为判断黄金价格走势的一个数据依托，具有很强的指标性，如表 4-2 所示。

表 4-2 黄金 ETF 持仓量对黄金价格产生影响的规律

成交量与黄金 ETF 持仓量	黄金价格
成交量增加，黄金 ETF 持仓量减少	价格上涨，表示价格马上会下跌
成交量增加，黄金 ETF 持仓量和价格下跌	价格可能转为回升
成交量，黄金 ETF 持仓量增加	价格上涨，表示价格还可能继续上涨
成交量，黄金 ETF 持仓量增加	价格下跌，短期内价格还可能下跌
成交量，黄金 ETF 持仓量减少	价格下跌，短期内价格将继续下跌
成交量，黄金 ETF 持仓量减少	价格上涨，表示价格短期向上，不久将回落

综合来说，黄金 ETF 持仓量上升，黄金价格走势也会相应上涨，黄金

ETF 持仓量下降，黄金价格走势也会相应下跌。

投资者在判断黄金价格走势的时候，不能完全凭持仓数据而论，有如下值得注意的情况：当市场出现减持过于严重，可能会促使市场转而向相反方向操作，这一点往往在“卖预期，买事实”当中比较常见；当市场出现增持过于严重，可能会促使市场转而向相反方向操作，这一点往往在“买预期，卖事实”当中比较常见。

所以，投资者想要判断黄金的走势不能单纯从持仓数据上面来判断，黄金还具有避险属性，其价格与国际经济形势关系更加紧密。

一般而言，黄金价格长期受供需关系和全球经济状况等宏观因素影响，短期则容易受到美元、原油、股指和突发事件等诸多因素影响。

4.4 采购经理人指数（PMI）：与黄金价格呈现反向关系

通常采购经理人指数与金属需求指标密切相关，因而能被看作金属需求增长率变化的有效指标。投资者在投资操作黄金的时候，采购经理人指数被看成一个影响黄金价格因素的参考指标。

4.4.1 经济运行中的附属指标

采购经理人指数（Purchasing Managers' Index，PMI）是衡量一个国家制造业的“体检表”，是衡量制造业在生产、新订单、商品价格、存货、雇员、订单交货、新出口订单和进口等 8 个方面状况的指数。

同时，采购经理人指数是经济先行指标中一项非常重要的附属指标，是美国供应管理协会 ISM 商业报告中关于制造业的一个主要参数。

通常采购经理人指数与金属需求指标密切相关，因而能被看作金属需求增长率变化的有效指标。使用此指标进行参考的投资者，大多数是因为采购经理人指数的特性，如图 4–1 所示。

●图 4-1　采购经理人指数的特性

采购经理人指数具有及时性与先导性，是因为此数据采取快速、简便的调查方法，在时间上大大早于其他官方数据。采购经理人指数为每月第一个公布的重要数据，加上其所反映的经济状况较为全面，因此市场十分重视该数据所反映的具体结果。

采购经理人指数也具有综合性与指导性，从采购经理人指数的定义可以看出，PMI 是一个综合的指数体系，涵盖了经济活动的多个方面，其综合指数反映了经济总体情况和总的变化趋势，而各项指标又反映了企业供应与采购活动的各个侧面。

采购经理人指数具有真实性与可靠性，是因为 PMI 已是国际通行的宏观经济监测指标体系，所以，其相对来说具有足够的真实性和可靠性。

采购经理人指数具有科学性、合理性，是因为该指标除了对整体指数关注外，采购经理人指数中的支付物价指数及收取物价指数也被视为物价指标的一种，而其中的就业指数更常被用来预测失业率及非农业就业人数的表现，同时，该指标也是对亚洲及中国出口很有预测力的一个前瞻性指标。

4.4.2　采购经理人指数（PMI）与黄金价格呈反比

上文介绍过，采购经理人指数为每月第一个公布的重要数据，加上其所反映的经济状况较为全面，因此市场十分重视该数据所反映的具体结果。

那么，采购经理人指数与黄金价格之间具有什么联系呢？这就要提到一个关键的词语——美元。

在一般意义上讲，采购经理人指数上升，会带来美元汇价上涨，采购经理人指数下降，会带来美元汇价下跌。

这是因为采购经理人指数是以百分比来表示的，常以 50% 作为经济强弱的分界点，现当指数高于 50% 时，被解释为经济扩张的讯号，则利多美元，利空现货黄金价格。

当指数低于 50%，尤其是非常接近 40% 时，则有经济萧条的忧虑，利空美元，利多现货黄金价格。

随着我国开始重视采购经理人指数，我国投资者也开始重视这一指标，根据该指标的百分比来判断当前市场经济发展状况，从而进一步地判断黄金价格走势。

4.5 耐用品销售（订单）：与货币相关联

国际现货黄金价格的变动，除了受到美国货币政策、黄金 ETF 持仓量以及采购经理人指数的影响之外，还受到耐用品销售订单的影响。

4.5.1 耐用品销售订单衡量制造业发展现状

耐用品是指能够使用三年以及三年以上的货物和物品。耐用品订单（Durable Goods Orders）的全称是非住宅固定投资：预付耐用品订单—制造商装运货物、库存和订单发放。这里对这一指标进行详细介绍。

耐用品订单能够反映制造业的活动情况，该象征着未来一个月内制造商生产活动的景气程度。

具体来讲，耐用品订单代表一个月内，对不易损耗的物品订购数量。该数据反映了制造业的活动情况，对该指标的定义而言，订单泛指有意购买，而预期马上交运或者在未来交运的商品交易。

这一指标是对企业订购大型机械、大型设备的订单量统计。数字的多少，象征着未来一个月内制造商生产活动的景气程度。在美国，该指标由美国商务部负责每个月中下旬公布。

从该指标的增加或者减少中，可以看到制造业生产情形的好与坏，判断整体经济的表现，从而预测和判断外汇汇率的走向。

4.5.2 耐用品销售与黄金呈现反比

耐用品销售订单与制造业息息相关，而制造业发展的蓬勃与否，与经济发展的好与坏密不可分，从而影响外汇汇率，导致对该国的货币产生影响，最终能够影响黄金的价格：耐用品消费订单大幅度下降，利空该国家的货币，利多黄金；耐用品消费订单大幅度上涨，利好该国家的货币，利空黄金。

当耐用品消费订单大幅度下降的时候，可以反映出制造业疲软，制造业疲软将会令失业率增加，经济表现比较暗淡，从而利空该国家的货币，利多黄金。

当耐用品消费订单大幅度上涨的时候，可以反映出制造业繁荣，制造业繁荣将会减少失业率，使得经济表现蓬勃，耐用品消费订单会随之上升，从而利好该国家的货币，利空黄金。

综合来说，就是耐用品销售订单数据增长，则表示制造业情况有所改善，利好该国的货币，利空黄金。反之若降低，则表示制造业出现萎缩，对该国的货币利空，利多黄金。

4.6 消费者信心指数：消费拉动利率

消费者信心指数主要用来了解消费者对经济环境的信心强弱程度，反映消费者对经济的看法以及购买意向。这样一个数据，对现货黄金价格也会间接地产生影响。

4.6.1 消费者信心指数反映就业市场

消费者信心（Consumer Confidence），也有人称为消费者情绪（Consumer Sentiment），根据经济学的理论，消费是收入的函数。消费者信心（或情绪）归根结底是消费者对其家庭收入水平的估价和预期的反映，这种估价和预期建立在消费者对各种制约家庭收入水平因素的主观认识上。

这些因素主要包括：国家或地区的经济发展形势、失业率、物价水平、利率等。一定时期内这些因素的变动必然使得消费者信心（或情绪）产生变化，而消费者信心（或情绪）的变化导致其消费决策的改变从而影响经济发展的进程。

消费者信心指数（Consumer Confidence Index，CCI）是反映消费者信心强弱的指标，是综合反映并量化消费者对当前经济形势评价和对经济前景、收入水平、收入预期以及消费心理状态的主观感受，是预测经济走势和消费趋向的一个先行指标，是监测经济周期变化不可缺少的依据。

在许多国家，消费者信心的测度被认为是消费总量的必要补充。消费者信心指数由消费者满意指数（指消费者对当前经济生活的评价）和消费者预期指数（指消费者对未来经济生活发生变化的预期）构成。

消费者满意指数和消费者预期指数分别由一些二级指标构成：对收入、生活质量、宏观经济、消费支出、就业状况、购买耐用消费品和储蓄的满意程度与未来一年的预期及未来两年在购买住房及装修、购买汽车和未来 6 个月股市变化的预期。

在投资现货黄金的时候，投资者可通过消费者信心指数的数据，即参考每月公布两次的消费者信心指数（一次是在月初，一次是在月末），来进一步的判断当前的就业市场和经济发展状况。

4.6.2 消费者信心指数与黄金呈反比

消费者支出占一国经济中重要的一部分，对该国经济有着重要的影响。为此，投资者在进行现货黄金的投资时，分析消费者信心指数，是一个很好的参考指标。

追踪消费者信心指数，以寻求预示将来的消费者支出情况的线索，即消费者信心指数稳步上扬，利多该国货币，利空现货黄金。消费者信心指数下降，利空该国货币，利多现货黄金。

具体来讲，消费者信心指数稳步上扬，表明消费者对未来收入预期看好，消费支出有扩大的迹象，从而有利于经济走好，利多该国货币，利空现货黄金。

消费者信心指数下降，表明消费者不看好未来收入预期，消费支出有缩小的迹象，从而不利于经济走好，利空该国货币，利多现货黄金。

综合来说，就是消费者信心指数稳步上扬，利多该国货币，利空现货黄金。消费者信心指数下降，利空该国货币，利多现货黄金。

4.7　美国消费者物价指数（CPI）：从通货膨胀中看金价

消费者物价指数（CPI）是以与居民生活有关的产品及劳务价格统计出来的物价变动指针，该指数能够间接地影响一个国家的通货膨胀率和货币能力，从而影响现货黄金价格。

4.7.1　消费者物价指数间接影响通货膨胀

消费者物价指数（Consumer Price Index，CPI）是对一个固定的消费品篮子价格的衡量，主要反映消费者支付商品的劳务的价格变化情况，也是一种度量通货膨胀水平的工具，以百分比变化为表达形式。

CPI 指数十分重要，而且具有启示性。在投资现货黄金时，投资者可谨慎把握该数据，因为有时公布了消费者物价指数上升，货币汇率向好，但有时确实相反，即消费者物价指数下降，货币汇率利空。因为消费者物价指数水平表明消费者的购买能力，也反映经济是否繁荣。

如果消费者物价指数下跌，那么就反映经济有衰退的迹象，必然对货币汇率的走势不利，但是，如果消费者物价指数上涨，对货币汇率也不一定是利好的，因为还要看消费者物价指数的升幅。一般来说，消费者物价指数上升幅度正常，利好该国货币。消费者物价指数上升幅度过大，利空该国货币。

也就是说，假如消费者物价指数升幅呈现正常趋势，那么表示经济运行稳定，对该国货币是利好的。

假如消费者物价指数升幅与过去的升幅相比，明显过大，那么说明该国的经济是不稳定的，因为物价指数与购买能力呈反比的关系，物价越高，货币的购买能力越低，必然对该国货币是利空的。

所以，当消费者物价指数上升的时候，投资者必须观察其上升的幅度。

4.7.2 消费者物价指数与现货黄金呈反比

如果进一步考虑消费者物价指数对利率的影响，则该指标对外汇汇率的影响作用更加复杂。消费者物价指数上升，表明该国货币购买能力减弱，对该国货币应是利空的，对现货黄金是利多的。消费者物价指数下降，表明该国货币购买能力增强，对该国货币应是利多的，对现货黄金是利空的。

具体来讲，当一个国家的消费者物价指数上升的时候，表明该国的通货膨胀率是上升的，即货币的购买能力减弱，按照购买力平价理论，对该国的货币应是利空的，对现货黄金是利多的。

当一个国家的消费者物价指数下降的时候，表明该国的通货膨胀率是下降的，即货币的购买能力增强，同样按照购买力平价理论，对该国的货币应是利多的，对现货黄金是利空的。

综合来说，讨论通货膨胀时，消费者物价指数是最常提及的物价指数之一。消费者物价指数上升，有通货膨胀的压力，此时中央银行可能自由调高利率来加以控制，对一个国家的货币来说是利多，利空黄金；反之，指数下降，对一个国家的货币来说是利空，利多黄金。

不过，由于与生活相关的产品多为最终产品，其价格只涨不跌，因此，消费者物价指数也未能完全反映价格变动的实情，投资者还应该参考其他的指标。

4.8　ISM 制造业指数：衡量制造业的体检表

ISM 制造业指数是由美国供应管理协会公布的重要数据，对反映美国经济繁荣度及美元走势均有重要影响，投资者可以此作为分析现货黄金价格的参考指标。

4.8.1　ISM 制造业指数反映经济状况

ISM 制造业指数（Institute of Supply Management Manufacturing Index）是考察制造业在生产、新订单、商品价格、存货、雇员、订单交货、新出口订单和进口等方面的情况得出结论以描述经济的走势的指数。

该指数是由美国供应管理协会（ISM）公布的重要数据，也是首份以制造业为焦点的月度经济报告，分为制造业指数和非制造业指数两项，对反映美国经济繁荣度及美元走势均有重要影响。

ISM 指数分为制造业指数和非制造业指数两项，尽管制造业占 GDP 很小的一部分，但是制造业的波动对 GDP 的变化有着重要作用。因此，制造业的发展通常先于整体经济，令 ISM 制造业数据成为经济反转的领先指标。

经济经过一段时期的衰退后，对制造业产品需求的加速，即 ISM 数据上涨，很可能暗示经济将转向上行；反之，在经济扩张时期，制造业订单和生产放缓，暗示经济减速。

ISM 针对每一个组成部分提取认为订货活跃的比例，并加上那些认为没有变化的比例的一半。如果该指数超过 50，就意味着制造业部门在增长；如果该指数低于 50%，就意味着制造业部门收缩；如果该指数为 50，那么代表制造业部门没有变化。

4.8.2　ISM 制造业指数与现货黄金呈反比

根据 ISM 制造业指数对经济运行的影响，从而间接地影响现货黄金的市场。

ISM 制造业指数对黄金、白银市场的影响主要来自对美元的间接影响，若该数据利好，则表明美国经济复苏强劲，对美元是利好，即利空现货黄金。

若该数据疲软，则表明美国经济复苏缓慢，利空美元资产，即利多现货黄金。

由此可以看出，ISM 制造业指数直接作用于美元，由美元再作用于非美资产在内的现货黄金。由于作用是间接的，所以影响力一般，对于该数据，投资者可在投资现货黄金时做参考。

另外，除非美国经济数据大幅超出预期，可能会带动投资者对于美联储货币政策的情绪变动，从而影响投资者市场的预期价格，导致投资者提前买入或卖出某一品种。

4.9 新屋开工及营建许可建筑类指标：经济发展的领先指标

建筑类指标在各国公布的数据体系中一般占有较重要的地位，因为房地产业对现代化经济体都有举足轻重的作用，而且各个国家的经济是否健康发展，也往往会在建筑类指标上反映出来，通过经济发展状况的好与坏，还会进而影响现货黄金的价格。

4.9.1 新屋开工及营建许可建筑类指标与经济发展具有直接的关系

新屋营建开工，又可以叫做住宅开工与许可（Residential fixed investment: housing starts and permits），是住宅开工建设及出售数量的指标，一般被认为是未来经济发展的领先指标。

当新房屋建设数字增加，代表整体经济良好或者代表衰退的经济将要复苏，对外汇汇率是利好的。

当新房屋建设数字下降，代表整体经济较差或者健康的经济状况将要转坏，利空外汇汇率。

为什么该指标能够直接影响经济呢？答案是因为建筑业与汽车业是两个具有代表性的行业，当经济状况不好的时候，其是最先衰退的两个部门，当经济状况转好的时候，其是最先复苏的两个部门。因此，现货黄金交易中对该指标是较为敏感的。

建筑业中住宅动工的增加将使建筑业就业人数增加，新近购房的家庭通常会购买其他耐用消费品，通过乘数效应，使得其他产业的产出和就业增加。建筑业对商业循环非常重要，因为住宅建设的变化将直接指向经济衰退或复苏。

4.9.2 新屋开工及营建许可建筑类指标与现货黄金呈反比

新屋开工及营建许可建筑类指标是如何影响现货黄金的呢？答案是因为住宅建设的变化将直接指向经济衰退或复苏。

新屋开工与营建许可的增加，理论上对该国货币来说是利好因素，将推动该国货币走强，利空现货黄金价格；新屋开工与营建许可的下降或低于预期，将对该国货币形成压力，利多现货黄金价格。

由此可以看出，该指标与现货黄金价格走势成反比关系，现货黄金的投资者同样可以参考该指标，分析现货黄金价格走势，从而确定下一步的投资计划。

第5章

技术分析，现货黄金的操作指标与系统

在现货黄金价格走势中，会用到各种各样的指标进行辅助分析，也就是从技术面的角度进行分析，比如黄金分割线、蜡烛图（K线图）、均线、趋势线、通道线等技术指标。在本书第6章、第7章以及第8章中涉及很多技术指标。

本章对黄金分割线、蜡烛图（K线图）、均线、趋势线、通道线等技术指标进行知识介绍和解读，在本书第8章中将技术指标与现货黄金价格走势深度结合并进行分析解读。

本章导读：

- 不可或缺的黄金分割线
- 古老的分析法——日本蜡烛图
- K线走势形态整理
- 形形色色的均线
- 价格波动的趋势与趋势线
- 融合市场情绪的波浪理论

5.1 不可或缺的黄金分割线

黄金分割线，又可以称为斐波那契回调线。其实对这个工具大家并不陌生，这是最常见、最受欢迎、使用频率最高的切线分析工具之一，被很多新手投资者用来判断或界定价格的支撑或阻力位置。

实际操作中主要运用黄金分割线来揭示上涨行情当中调整的支撑位或下跌行情中的反弹压力位。

这里，简单地对黄金分割线进行介绍，在本书的第 8 章中再做详细的案例分析。

5.1.1 黄金分割线的画法

黄金分割线是一种古老的数学方法。黄金分割的创始人是古希腊的毕达哥拉斯，他在当时十分有限的科学条件下大胆断言：一条线段的某一部分与另一部分之比，如果正好等于另一部分同整个线段的比即 0.618，那么这种比例会给人一种美感。后来，这一神奇的比例关系被古希腊著名哲学家、美学家柏拉图誉为“黄金分割律”。

黄金分割线运用的最基本方法，是将 1 分割为 0.618 和 0.382，引申出一组与黄金分割率有关的数值，也就是 0、0.236、0.382、0.50、0.618 和 1。

在黄金分割线的运用中，最经典的数字为 0.236、0.382、0.50 和 0.618，它们极易产生支撑与压力。将此应用到现货黄金的行情的分析中，可以理解为上述比率所对应的位置一般容易产生较强的支撑与压力。

在一轮中级行情结束后，趋势会向此前相反的方向运动，这时无论是由跌势转为升势还是由升势转为跌势，都可以以最近一次趋势行情中的重要高点和低点之间的涨跌幅作为分析的区间范围，将原涨跌幅按 0.236、0.382、0.50、0.618（23.6%、38.2%、50.0%、61.8%）划分为黄金分割点，走势在反转后将可能在这些黄金分割点上遇到暂时的阻力或支撑。

其中，黄金分割中最常用的比率为 0.382、0.618。在反弹行情中，0.382 线为弱势反弹的目标位，0.618 线为强势回调的目标位；在回调过程中，0.382 线为较强的支撑位，0.618 线为非常强势的支撑位。

同时，0.50 的位置也是一个相对重要的位置，其具体表现有以下两点。

第一点：在下降行情中，如果黄金价格走势反弹突破前期下跌幅度的 0.382，则表明市场仍有可能形成上升走势，如果黄金价格走势突破前期下跌幅度的 0.50，那么，上升走势确立。

第二点：在上升行情中，如果黄金价格走势下降跌破前期上涨幅度的 0.382，则表明市场有可能形成下降走势，如果黄金价格走势跌破前期上涨幅度的 0.50，那么，下降趋势确立。

5.1.2 黄金分割线判断支撑位

在上文中说过，黄金分割线可以用来判断走势支撑位与压力位。在对行情进行技术分析时，黄金分割线是较为常用的一种分析工具，其主要作用是起到提前预测上涨和下跌价格的位置以及反弹的阻力位和下跌的支撑位的价格，准确地帮助投资者在可能的目标位附近提前做好操作上的准备。

如何用黄金分割线判断支撑位呢？主要是在走势图中找出两个点：最高点和最低点，找出来后就可以开始进行判断。

从走势图中底部最低点画到反弹的最高点，这期间会有 6 条黄金分割线出现，如图 5-1 所示。

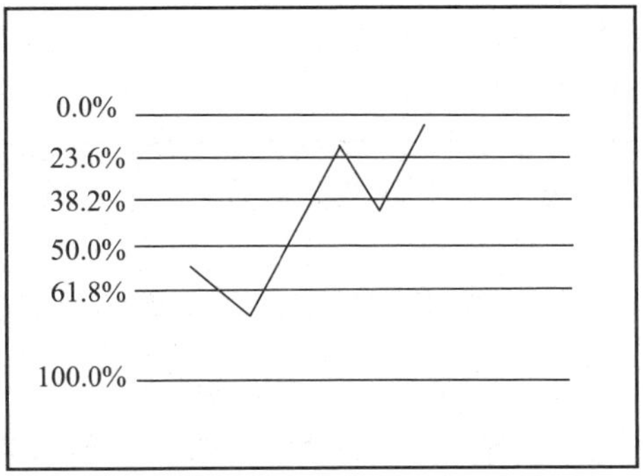

• 图 5-1　上升趋势中的黄金分割线

解析：如图 5-1 所示，最低的实线表示下跌底部的支撑线，最高的实线表示头部反弹阻力线，在中间的三条虚线表示回调的支撑线（分别有 61.8%、50.0% 和 38.2%）。此时，可以以中间第二条（50.0%）黄金分割线为准买进。

如果后市继续冲破前期反弹阻力线就会看到另外的三条反弹阻力线（分别有 61.8%、50.0% 和 38.2%），我们就以中间第二条（50.0%）黄金分割线为准卖出。

由此可以看出，上涨走势中黄金分割线的作用是可以找出在上涨通道反弹的阻力位和回调买进的支撑位。

5.1.3 黄金分割线判断阻力位

下跌黄金分割线的判断刚好和上涨的黄金分割线相反，因为下跌趋势还没改变的情况下，操作时就必须要观望等待，即等到走势回调的位置站稳了才可以买进，不能在走势下跌初始或者回调初始时买进，就是利用黄金分割线来寻找回调的买入点。

从走势图中顶部最高点画到底部的最低点，这期间会有 6 条黄金分割线出现，如图 5-2 所示。

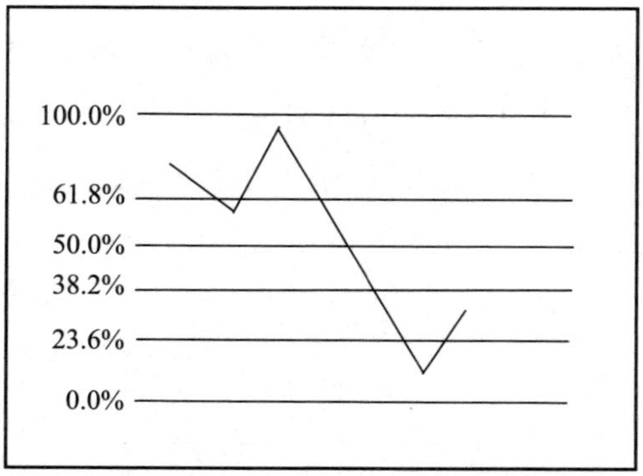

• 图 5-2　下跌趋势中的黄金分割线

解析：如图 5-2 所示，最高的实线表示头部的反弹阻力线，最低的实线表示下跌底部的支撑线，这样画下来就同时看到底部反弹的阻力线（分别有 38.2%、50.0% 和 61.8%），反弹时我们就看中间第二条（50.0%）黄金分割线为准卖出。另外，还看到破平台低点的一组下跌支撑的三条黄金分割线

（分别有 38.2%、50.0% 和 61.8%），我们就以中间第二条（50.0%）黄金分割线为准买进。

如果后市继续跌破前期下跌支撑线就会看到另外的三条下跌支撑线（分别有 61.8%、50.0% 和 38.2%），我们同样就以中间第二条（50.0%）黄金分割线为准买进。

由此同样可以看出，上涨走势中黄金分割线的作用是可以找出在下降通道反弹的阻力位和底部出现买进的支撑位。

5.2 古老的分析法——日本蜡烛图

K 线图（Candlestick Charts）由于它的形状像蜡烛，又称为蜡烛图，也叫蜡烛曲线图。英文“蜡烛 Candle”与“曲线 Curve”前面的发音都发“K”的音。因此，简称为 K 线图。

本节我们了解一下现货黄金的 K 线图及 K 线形态。

5.2.1 蜡烛图中基本的 K 线形态

1750 年，日本人就开始利用阴阳烛来分析大米期货，K 线理论便应运而生。可以说 K 线理论起源于日本，是最古老的技术分析方法。

蜡烛图中一条标准的 K 线形态，诠释出了很多价格信息，如图 5-3 所示。

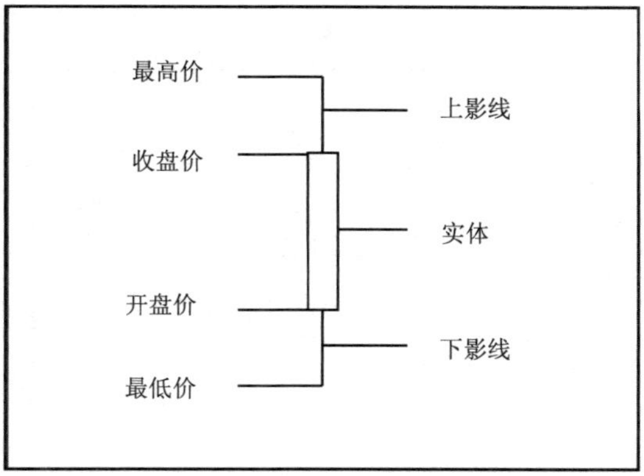

●图 5-3　阳线

解析：如图 5-3 所示，K 线是一条柱状的线条，由影线和实体组成。影线在实体上方的部分叫上影线，下方的部分叫下影线。影线表明当天交易的最高和最低价。

如图 5-3 所示，实体部分为 K 线图中的阳线，即当日收盘价高于开盘价，开盘价在下部，收盘价在上部，实体为黑色的空心。

如图 5-4 所示，实体部分为 K 线图中的阴线，即当日收盘价低于开盘价，开盘价在上部，收盘价在下部，实体为黑色的实心。

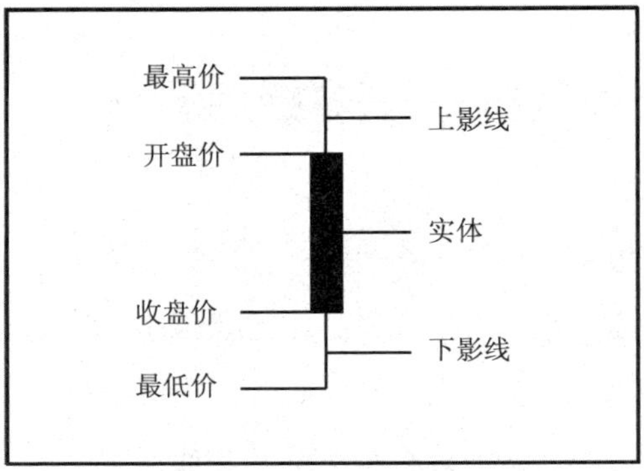

● 图 5-4　阴线

解析：如图 5-4 所示，K 线是一条柱状的线条，由影线和实体组成。影线在实体上方的部分叫上影线，下方的部分叫下影线。影线表明当天交易的最高和最低价。

K 线除了有阳线和阴线之分，还有一种特殊的形态，即“十字线”，一般用“十”或者“T”来表示，如图 5-5 所示。

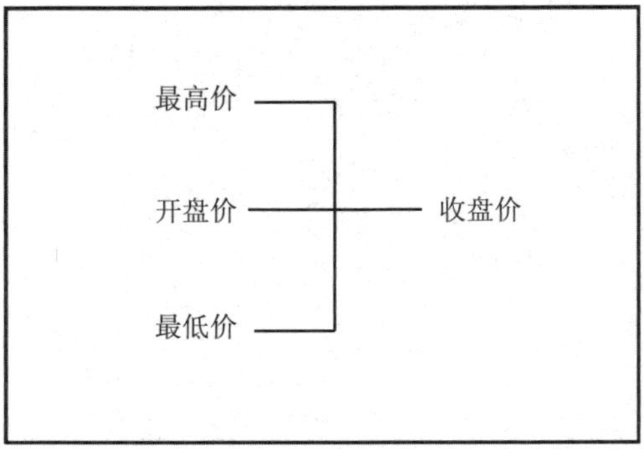

● 图 5-5　十字线

解析：如图 5–5 所示，为 K 线图中的十字线，即无实体部分，当日收盘价等于开盘价，被称为十字线，在 K 线中的形态为：开盘价、收盘价、实体三者重合。

需要注意的是，十字线可分为以下两种情况：当最高价等于开盘价时，没有上影线；当最低价等于收盘价时，没有下影线。

解析：如图 5–6 所示，通过 K 线图，能够把某一小时、某一日或者某一周期的现货黄金价格走势情况完全显示出来。

• 图 5–6　黄金（GOLD）15 分钟 K 线

同时，图 5–6 中有很多条阳线和阴线，并且对应了不同的时间和价格，若是仔细观察，便能够发现图中的 K 线形态，除了分为阳线和阴线之外，其形态也不一样，其实体和影线的长度也不一样。

但是，根据观察可发现，图 5–6 中由多个柱状形态的柱体组成。这些柱体有的是实体黑色的，有的是空体黑色的；还有的柱体的长度比较长，有的柱体的长度比较短；有的柱体的上、下方联结着长短不一的线条，也有的柱体的上、下方没有联结线条。

也就是说，阳线和阴线具有不同的形态，而不同的形态也具有不同的市场意义，在下一节中，将介绍不同的 K 线形态。

5.2.2 根据波动范围划分 K 线

根据开盘价与收盘价的波动范围，可以将 K 线划分为极阴（小阴星）、极阳（小阳星）、小阴（小阴线）、小阳（小阳线）、中阴（中阴线）、中阳（中阳线）和大阴（大阴线）、大阳（大阳线）等线型。

1. 小阳星与小阴星

解析：如图 5-7 所示，为小阳星与小阴星的形态，小阳星与小阴星的实体部分很短。其中，实体为空的为小阳星，实体为实的为小阴星。

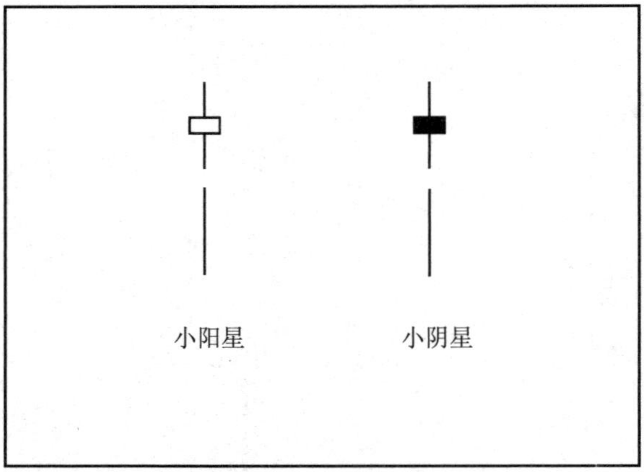

• 图 5-7　小阳星与小阴星

而小阳星与小阴星的波动范围在 0.5% 左右，小阳星代表走势波动很小，开盘价与收盘价极其接近，收盘价略高于开盘价，小阳星的出现，表明走势正处于混乱不明的阶段，很难预测后市的涨跌。小阴星与小阳星相似，只是收盘价略低于开盘价，同样，表明走势正处于混乱不明的阶段，很难预测后市的涨跌。

2. 小阳线与小阴线

解析：如图 5-8 所示，为小阳线与小阴线的形态，小阳线与小阴线的实体部分相较于小阳星与小阴星稍长一些。其中，实体为空的为小阳线，实体为实的为小阴线。

小阳线与小阴线的波动范围在 0.6% ～ 1.5%。小阳线表示走势上涨缺乏动力，后续走势不明；小阴线表示走势有下跌的迹象，但下跌力度不大，后续走势不是十分明显。

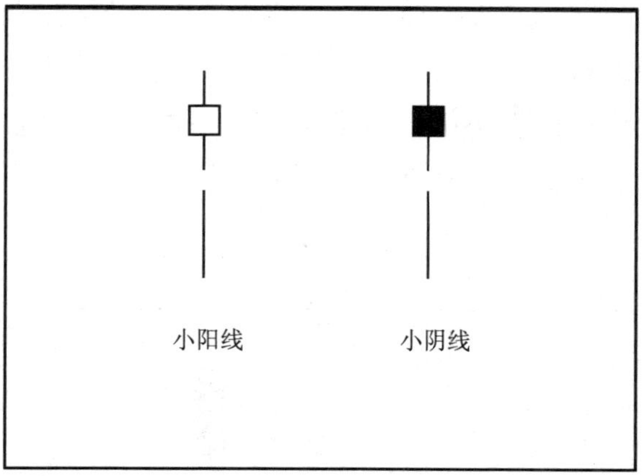

•图 5-8　小阳线与小阴线

3. 中阳线与中阴线

解析：如图 5-9 所示，为中阳线与中阴线的形态，中阳线与中阴线的实体部分相较于小阳线与小阴线稍长一些。其中，实体为空的为中阳线，实体为实的为中阴线。

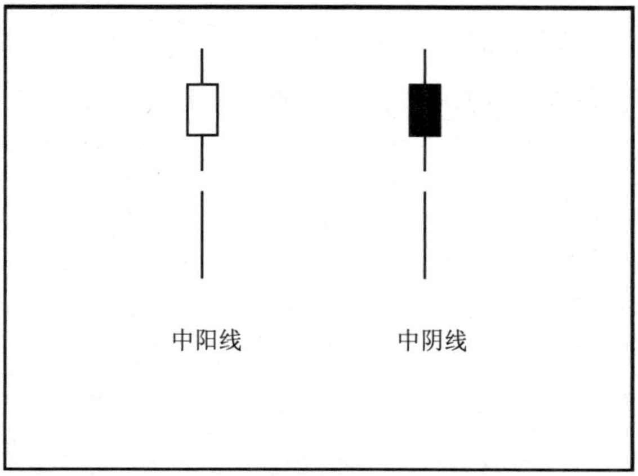

•图 5-9　中阳线与中阴线

中阳线与中阴线的波动范围在 1.6% ~ 3.5%。不同于小阳线与小阴线，中阳线和中阴线的市场意义要清晰一些，中阳线则代表后市看涨，中阴线代表后续走势看跌，很多时候，中阳线和中阴线往往成为走势的转折点，但也要结合整体走势进行分析。

4. 大阳线与大阴线

解析：如图 5-10 所示，为大阳线与大阴线的形态，大阳线与大阴线的实体部分相较于中阳线与中阴线稍长一些。其中，实体为空的为大阳线，实体为实的为大阴线。

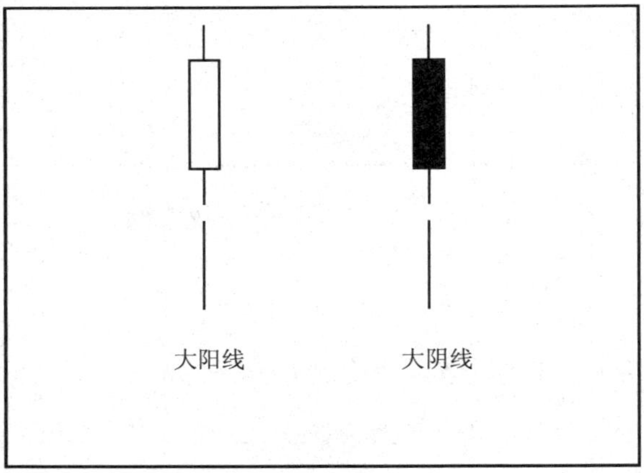

● 图 5-10　大阳线与大阴线

大阳线与大阴线的波动范围在 3.6% 以上，与中阳线与中阴线相比，大阳线与大阴线的市场意义更加清晰。大阳线表明走势上涨的可能性占据了主导优势，次日高开的可能性较大；大阴线表明走势下跌的可能性占据了主导优势，次日低开的可能性较大。

5. 上影阳线与下影阳线

解析：如图 5-11 中的左边图形所示，为上影阳线，即有实体且为空心，有上影线、下影线，但上影线长于下影线的 K 线。上影阳线显示走势上涨具有压力，走势后续能否继续上升，有待等候观察。

如图 5-11 中的右边图形所示，为下影阳线，有实体且为空心，有上影线、下影线，但上影线短于下影线的 K 线。下影阳线表明走势有进一步上涨的潜力。

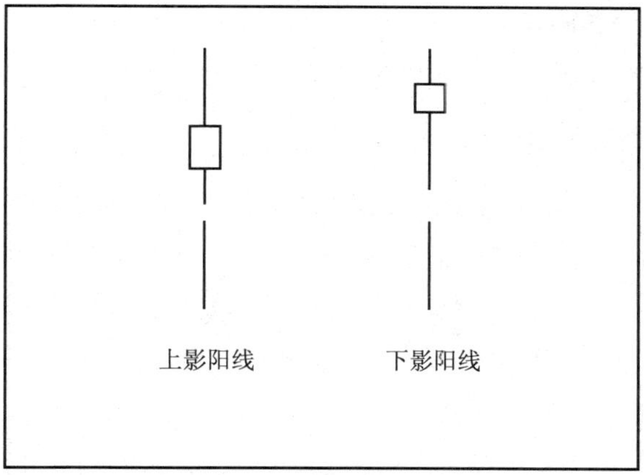

• 图 5-11　上影阳线与下影阳线

6. 光头阳线与光脚阳线

解析：如图 5-12 中的左边图形所示，为光头阳线，即有实体且为空心，有下影线，无上影线的 K 线。光头阳线如果出现在走势低位区，在走势中表现为走势探底后，则可能是新一轮上升走势的开始；光头阳线如果出现在走势上升途中，则表明后市继续看好。

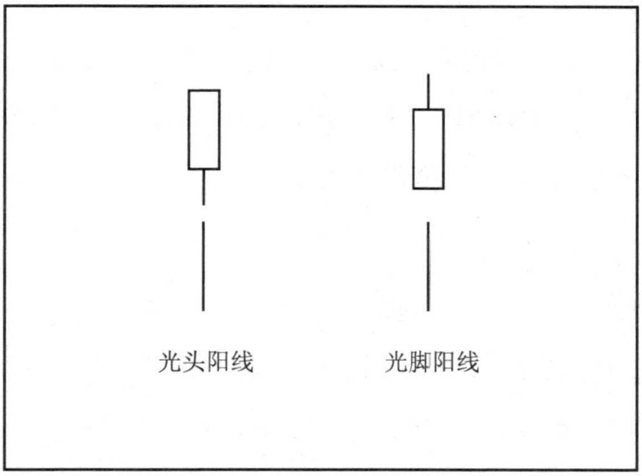

• 图 5-12　光头阳线与光脚阳线

如图 5-12 中的右边图形所示，为光脚阳线，即有实体且为空心，有上影线，无下影线的 K 线，光脚阳线表示走势上升势头强烈。

7. 上影阴线与下影阴线

解析：如图 5–13 中的左边图形所示，为上影阴线，即有实体且为实心，有上影线而无下影线，阴线实体较短的 K 线。

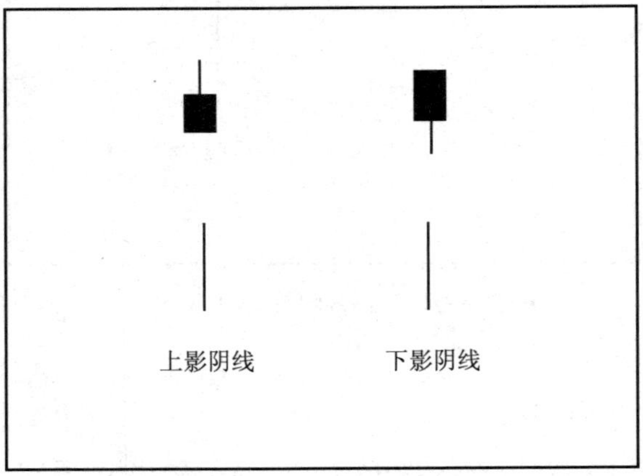

• 图 5–13　上影阴线与下影阴线

上影阴线出现在走势高位区时，说明上档抛压严重、行情疲软，走势有反转下跌的可能；上影阴线如果出现在走势中位区的上升途中，则表明后续的走势仍有上升空间。

如图 5–13 中的右边图形所示，为下影阴线，即有实体且为实心，有下影线而无上影线，阴线实体较短的 K 线。下影阴线出现在走势低位区时，说明下档承接力较强，走势有反弹的可能。

8. 光头阴线与光脚阴线

解析：如图 5–14 中的左边图形所示，光头阴线是指带有下影线的阴 K 线实体，开盘价是当日最高价，一开盘卖方力量就特别大，股价一直处于下跌状态，但当跌到低位时，受到买盘力量的推升，股价得到支撑，由此股价可能会形成反弹。

如图 5–14 中的右边图形所示，为光脚阴线，即有实体且为实心，有上影线，无下影线的 K 线。光脚阴线如果出现于走势低位区，则说明走势或许有反弹迹象，但反弹的力度不大。

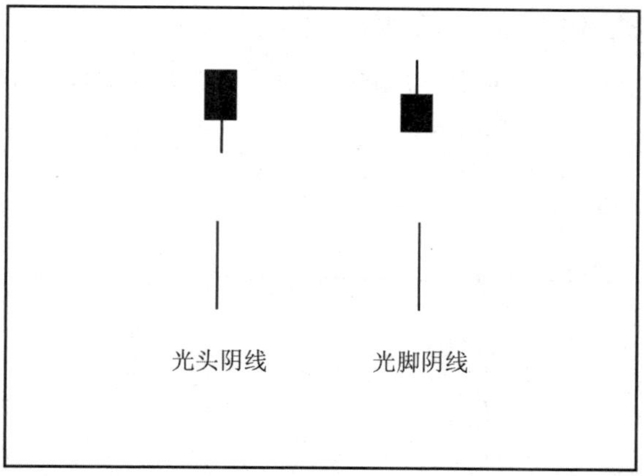

• 图 5-14　光头阴线与光脚阴线

9. 光头光脚阳线与光头光脚阴线

解析：如图 5-15 中的左边图形所示，为光头光脚阳线，即有实体部分且为空心，无上影线、下影线的 K 线。光头光脚阳线表明走势呈现上涨趋势，后续走势很可能涨势强烈。

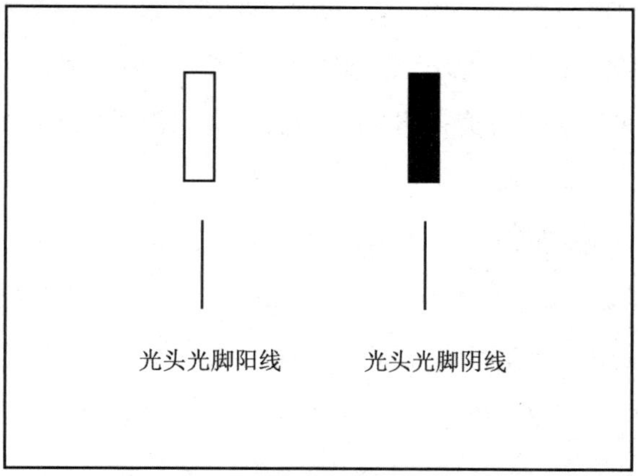

• 图 5-15　光头光脚阳线与光头光脚阴线

如图 5-15 中的右边图形所示，为光头光脚阴线，即有实体部分且为实心，无上影线、下影线的 K 线。光头光脚阴线表明走势呈现下跌趋势，后续走势很可能跌势强烈，次日低开的可能性较大。

10. 下影十字星、倒 T 形线和 T 形线

解析：如图 5–16 中的左边图形所示，为下影十字星，即无实体部分，有上影线、下影线，但上影线短于下影线的 K 线。下影十字星出现在走势低位区时，表明走势下档承接力较强，有反弹的可能。

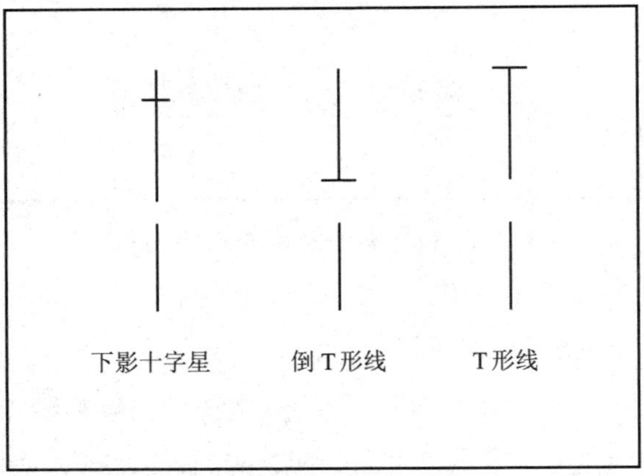

• 图 5–16　下影十字星、倒 T 形线和 T 形线

如图 5–16 中的中间图形所示，为倒 T 形线，即无实体部分，有上影线，无下影线的 K 线。倒 T 形线出现在走势高位区时表明走势上档抛压严重、行情疲软，有反转下跌的可能；倒 T 形线如果出现在走势中位区的上升途中，则表明后市仍有上升空间。

如图 5–16 中的右边图形所示，为 T 形线，即无实体部分，有下影线，无上影线的 K 线。与下影十字星相似，T 形线出现在走势低位区时，表明走势下档承接力较强，有反弹的可能。

这里需要注意的是，为了满足不同的需要，根据 K 线的计算周期可将现货黄金价格走势图分为 1 分钟 K 线图、5 分钟 K 线图、15 分钟 K 线图、30 分钟 K 线图、1 小时 K 线图、4 小时 K 线图、日线 K 线图、周线 K 线图和月线 K 线图。

综合来说，1 个月平均为 4.3 周；而每周包含 5 个交易日，每个交易日包含 6 个“4 小时”交易单位；每小时包含 4 个 15 分钟或 6 个 10 分钟；每 5 分钟包含 5 个 1 分钟。

黄金市场大约可以分为 5 个不同的时间层级，每一层级与上下各层级都大致保持了约 1 ： 5 的关系，即较高层级的时间结构其时间单位是目前交易时间层级的 5 倍。

投资者可以利用较短时间段的走势图，估算出后市的走势和趋势，可以选择较好的进仓与平仓点位，尤其是价位运行到支撑或阻力附近，以便研判后市。

5.3 K 线走势形态整理

本书第 6 章、第 7 章以及第 8 章中将讲解运用三角形整理和 V 形反转来研判黄金价格走势。为了后续的学习更加容易，下面先介绍几种常见的 K 线走势形态。

5.3.1 三角形整理形态

三角形整理形态就是现货黄金价格走势在一个三角形中进行，当走势到达三角形的顶点时，表示这种形态的结束。

三角形整理形态主要分为三种：上升三角形、对称三角形和下降三角形形态。

上升三角形整理形态是三角形整理形态中的一种形式。

解析：如图 5-17 所示，上升三角形通常出现在上涨的趋势中，黄金价格走势每次上涨的高点基本保持在差距不大的水平上，回落的低点不断走高。将每个短期波动的高点联结起来，可形成一条阻力线；将每个短期波动的低点联结起来，可形成一条向上倾斜的上升线。最终形成一个向上倾斜的三角形，即上升三角形。

在上升三角形整理形态的尾端，伴随着攻击能量的扩增，向上突破的机会较大。

如图 5-17 所示，三角形整理的上方线段为一条压力线，压制着走势的上涨。而三角形整理的下方线段为一条支撑线，支撑着走势的上涨。

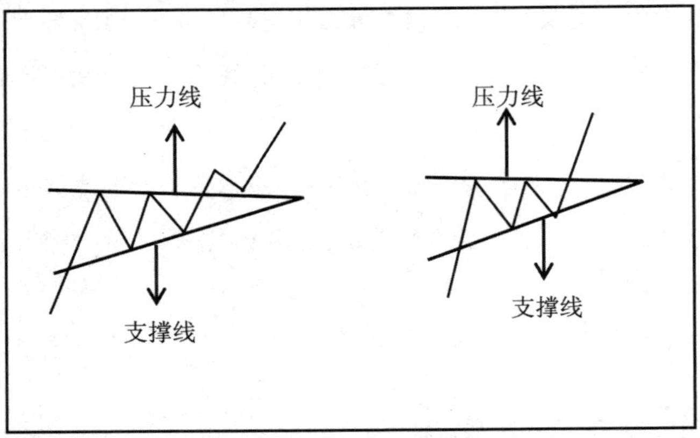

• 图 5-17　上升三角形整理形态

在观察上升三角形整理形态时，可从以下几点进行判断：如果原来的黄金价格走势是向上走势，遇到上升三角形后，则几乎可以肯定今后是向上突破。

当原本向上的趋势遇到上升三角形很可能使得后市的黄金价格走势走向相反的方向。如果原来的黄金价格走势是向下走势，遇到上升三角形后，则前后的趋势判断起来有些难度，可能出现两种情况，即一方要继续下降，保持原有的趋势，另一方要上涨。上升三角形在突破顶部的阻力线时，交易者还可观察此时的成交量，一般会有大成交量的现象出现。

对称三角形也可称作等边三角形。

解析：如图 5-18 所示，对称三角形走势变动幅度逐渐缩小，即每次变动的最高价低于前一次，走势可能向上，也可能向下，在形态上呈压缩状图形。

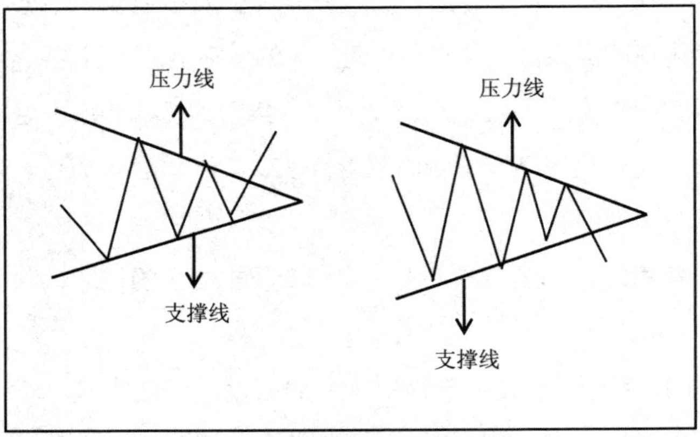

• 图 5-18　对称三角形整理形态

如图 5-18 所示，三角形整理的上方线段为一条压力线，压制着走势的上涨。而三角形整理的下方线段为一条支撑线，支撑着走势的上涨。

在观察对称三角形整理形态时，可从以下几点进行判断：在现货黄金价格走势图中，对称三角形的形成必须要有两个或者两个以上的短期高点或者短期低点；对称三角形在形成的过程中，成交量常常会越来越少；现货黄金价格走势向上放量突破形态上的上边线，需要有大量的成交量进行配合，是发出短线买入的信号；现货黄金价格走势向下放量突破形态上的下边线，不需要有大量的成交量进行配合，是发出短线卖出的信号。

与上升三角形相反，下降三角形是看跌的形态。下降三角形的基本内容与上升三角形可以说完全相似，只是方向相反。

解析：如图 5-19 所示，下降三角形表示整理区中的买卖双方力量相互交织。当黄金价格走势处于稳定时，每次走势波动的回落都不会太强烈，于是，便形成一条水平的需求线，但不稳定的力量不断增强，每一次走势波动的高点都比前一次要低，随后便形成一条向下倾斜的攻击线，最后构成了下降三角形整理形态。

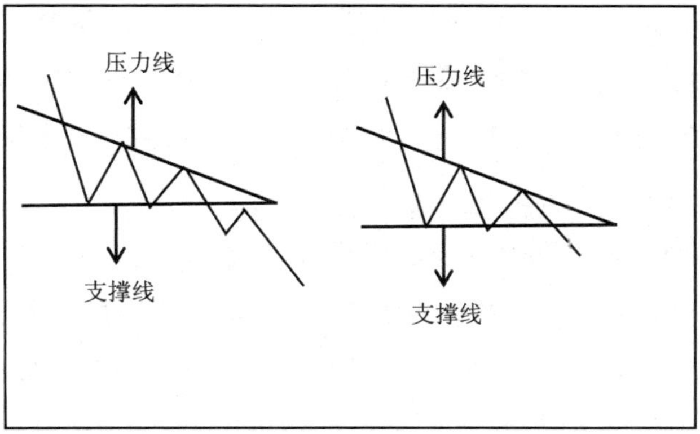

• 图 5-19　下降三角形整理形态

如图 5-19 所示，三角形整理的上方线段为一条压力线，压制着走势的上涨。而三角形整理的下方线段为一条支撑线，支撑着走势的上涨。

具体利用三角形整理形态研判走势，在后面章节中再进行详细解析，这里只做三角形整理形态知识的普及。

5.3.2 矩形整理形态

矩形整理形态也叫作箱形整理形态，是一种典型的整理形态。

解析：如图 5-20 所示，现货黄金价格在两条近似平行的水平线中间来回波动而形成的整理形态即为矩形整理形态，其中上边水平线为价格上涨时的压力线，下边水平线为价格下降时的支撑线。

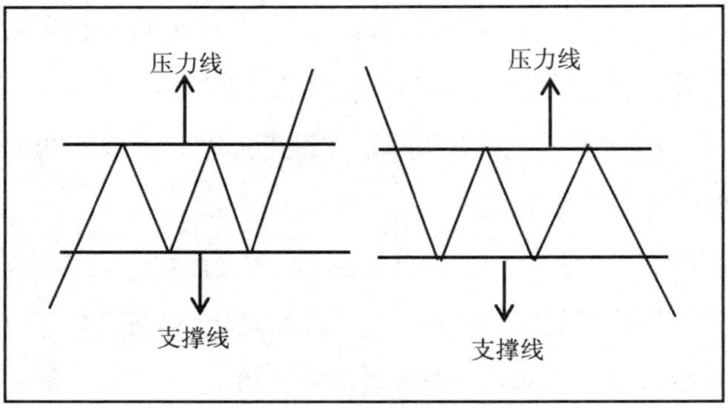

●图 5-20 矩形整理形态

矩形整理形态形成不同位置的代表含义，矩形整理形态在形成之初，现货黄金走势力量平衡，时间一长就形成两条明显的上、下边线。矩形整理形态形成的过程中，矩形整理的时间越长，形态继续延续下去便更具有意义。矩形整理形态形成一段时间后，现货黄金走势回到之前的平衡状态，成交量减少，行情走势逐渐平淡。

根据矩形整理形态的意义，投资者可以根据以下几点来判断实际黄金走势的买卖点。当现货黄金价格有效放量，并突破上边线时，则发出买入信号；当现货黄金价格有效跌破整理形态的下边线时，无论成交量是何状态，则发出卖出信号。

矩形整理形态在被有效突破形态上边线或者跌破形态下边线时，在随后的 3 天或者一个星期内常常会出现回抽现象。此时，交易者应多加小心，警惕回抽后带来的损失。

矩形整理形态的出现为交易者提供了一些短线操作的机会。如果在矩形整理形态形成的早期能够预计到现货黄金价格将进行矩形调整，就可以在矩形的下边线附近买入，在上边线附近抛出，来回做几次短线的进出。

5.3.3 旗形整理形态

从几何学的观点看，旗形应该叫平行四边形，它的形状是一个上倾或下倾的平行四边形。

旗形整理形态大多发生在市场极度活跃、股价运动近乎直线上升或下降的情况下。在市场急速而又大幅的波动中，价格经过一连串紧密的短期波动后，形成一个稍微与原来趋势呈相反方向倾斜的长方形，这就是旗形走势。旗形的上、下两条平行线起着压力和支撑作用，这一点有些像轨道线。

旗形是一个趋势的中途休整过程，休整之后，还要保持原来的趋势方向。这个形态的特殊之处在于，它有明确的形态方向，如向上或向下，并且形态方向与原有的趋势方向相反。

1. 上升旗形整理形态

解析：如图 5-21 所示，上升旗形整理形态常常出现在上涨的走势中，现货黄金价格经过一段快速上升至压力线之后，回落至支撑线，这种状态持续数次之后形成了一个成交密集、稍微向下倾斜的价格波动密集区，将这个价格波动密集区的高点与低点相联结，便形成稍微向下倾斜的平行四边形，即为上升旗形整理。

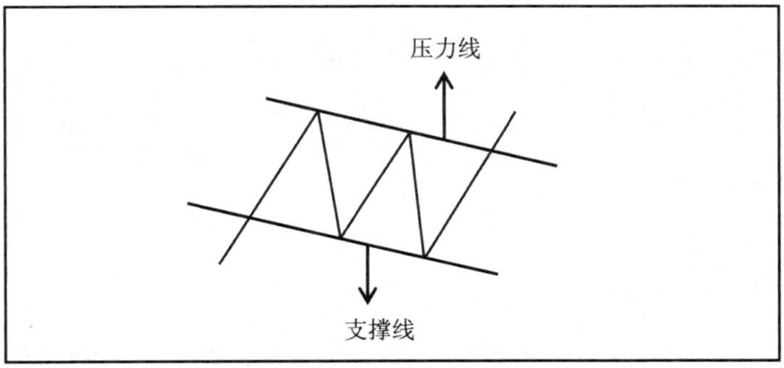

●图 5-21　上升旗形整理形态

上升旗形整理在向上突破上边线时成交量增大，突破后一般还会回抽，在原来高点联结处止跌回升，确认突破有效。但也可能是在突破后，现货黄金价格呈现持续上涨走势。

有时候上升旗形整理形态是诱空陷阱，主要是为了清理浮动筹码，是一个买入信号。此整理形态的特点是平行四边形的形态越陡峭，清理浮动筹码越彻底，则后市越容易上涨。

2. 下降旗形整理形态

下降旗形整理常常出现在跌市中。

解析：如图 5-22 所示，现货黄金价格经过一段快速下跌触碰支撑线之后，反弹至压力线点位，并持续这个状态数次之后形成了一个成交密集、稍微向上倾斜的价格波动密集区，将这个价格波动密集区的高点与低点相联结，便形成稍微向上倾斜的平行四边形，即为下降旗形整理。

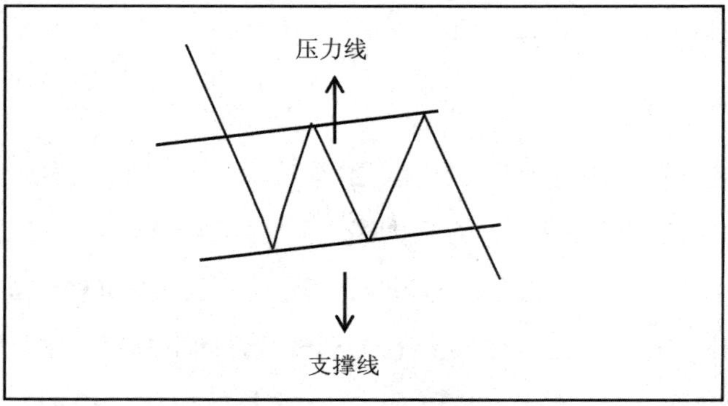

• 图 5-22　下降旗形整理形态

下降旗形整理在形成过程中，现货黄金价格向下跌破下边线后一般还会回抽，回抽时受到阻碍，即跌破有效。但也可能是在突破下边线之后，现货黄金价格呈现持续下跌走势。

5.3.4　楔形整理形态

如果将旗形中上倾或下倾的平行四边形变成上倾或下倾的三角形，就会得到楔形。楔形可分为上升楔形和下降楔形两种。

1. 上升楔形整理形态

解析：如图 5-23 所示，上升楔形是指现货黄金价格经过一次下跌后，触碰到支撑线后产生强烈技术性反弹至压力线，价格升至一定水平后又掉头下落，但回落点比前一次高，然后又上升至新高点，再回落，在总体上形成一浪高于一浪的势头。如果把短期高点相连，则形成一条向上倾斜的直线，且两者呈收敛之势。

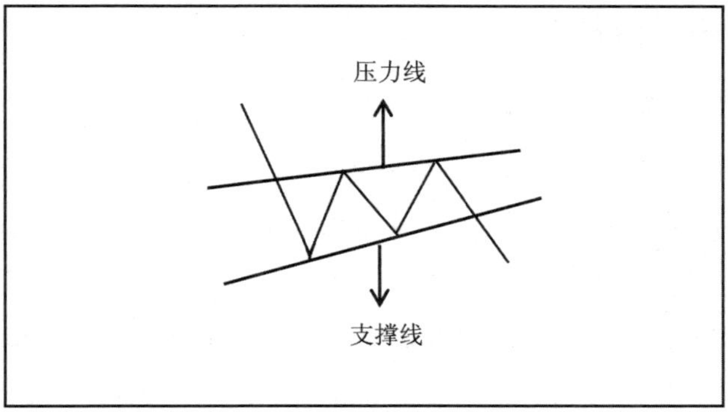

• 图 5-23　上升楔形整理形态

当上升楔形整理形态处在价格下跌的过程中，没有见底，但是若价格跌破楔形边缘时，则是卖出的信号，投资者需要多加小心。

2. 下降楔形整理形态

下降楔形整理形态则与上升楔形整理形态正好相反。

解析：如图 5-24 所示，下降楔形是指当现货黄金价格在上涨一段时间之后，开始出现涨势，但上涨的能量不强，触碰压力线之后，回落至支撑线位置，随后价格继续上升，但上升的高点没有前一次高，回落点却比前一次低，在总体上形成一浪低于一浪的势头。

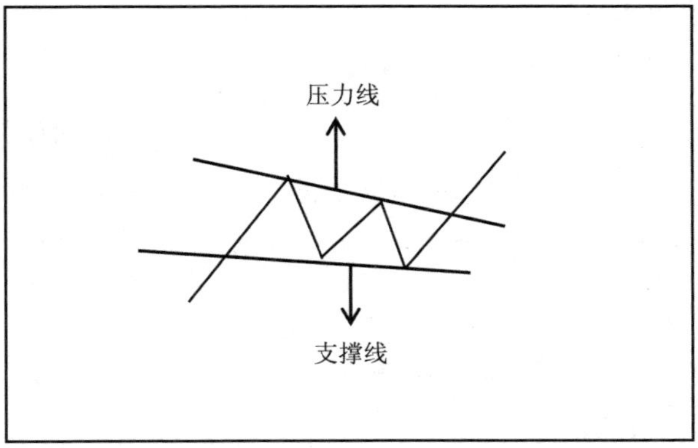

• 图 5-24　下降楔形整理形态

从形态上来看，现货黄金价格逐渐向高点和低点的中间靠拢，从而形成下降楔形整理形态。

5.3.5 V 形反转形态

V 形反转形态包含 V 形反转形态与倒 V 形反转形态。

V 形反转形态又叫作尖底反转形态。

解析：如图 5-25 所示，V 形反转在形态上底部为尖底，形似英文字母“V”，即图中的左边图形。同时，也有不是十分规则的 V 形形态，走势底部出现了小幅度的波动，但不影响整体走势，即图 5-25 中的右侧图形。

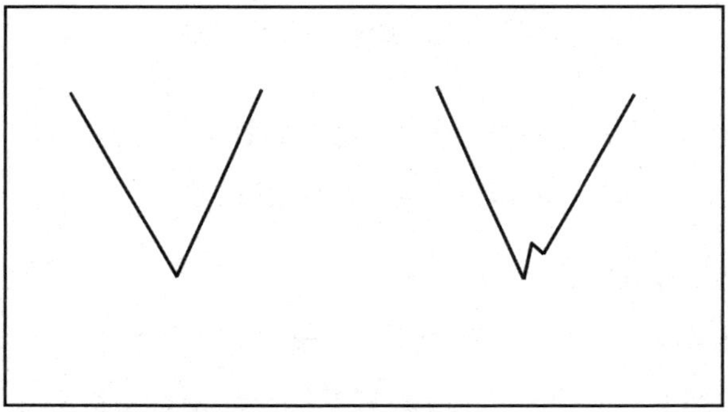

• 图 5-25　V 形反转形态

如图 5-25 所示，V 形反转形态是黄金价格走势大幅度下跌之后，突然止步，又迅速上涨形成的走势。通常 V 形反转形态的左方跌势十分陡峭，而且持续一段短时间。

倒 V 形反转形态又叫作尖顶形态。

解析：如图 5-26 所示，倒 V 形反转形态在头部为尖顶，形似倒着写的英文字母“V”，即图中的左侧图形。同时，也有不是十分规则的倒 V 形形态，走势顶部出现了小幅度的波动，但不影响整体走势，即图 5-26 中的右侧图形。

如图 5-26 所示，倒 V 形反转形态是黄金价格走势大幅度上涨之后，突然又迅速下跌形成的走势。

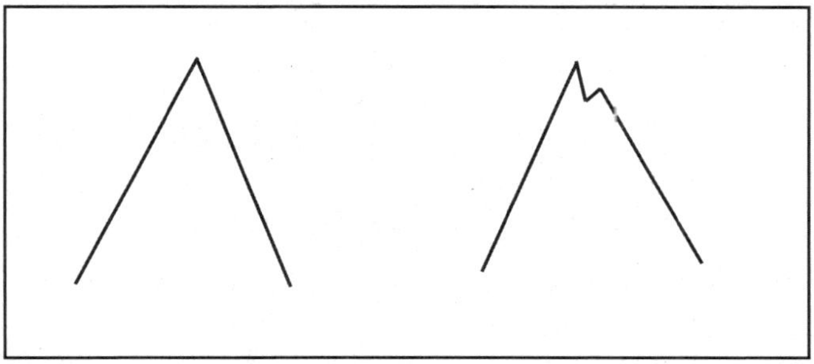

•图 5-26　倒 V 形反转形态

倒 V 形反转形态的顶部极其尖锐，常常在几个交易日之内就能形成，形成过程中行情见顶反转时成交量会大增。

因为倒 V 形反转形态上涨得非常迅速，常常会出现多次价格跳空缺口，实际走势图中若是出现了此情况，多数情况下，走势会从顶部剧烈地下跌。

在观察 V 形反转形态与倒 V 形反转形态时，可从以下几点进行判断：V 形反转形态的下跌和上涨具有突然性，尤其是通常 V 形反转形态的左方跌势十分陡峭，而且持续一段短时间。同时，V 形反转形态的底部十分尖锐，一般来说形成这种转势点的时间很短，而且成交量在这个低点时明显增多。

具体利用 V 形反转形态与倒 V 形反转形态研判走势，在后面章节中再进行详细解析，这里只做 V 形反转形态与倒 V 形反转形态知识的普及。

5.3.6　头肩顶反转形态与头肩底反转形态

头肩顶反转形态与头肩底反转形态是最为人所熟知而又最可靠的主要反转形态。

1. 头肩顶反转形态

头肩顶反转形态又称为三重顶，比双重顶多了一次冲顶的过程。

解析：如图 5-27 所示，现货黄金价格在上涨到一定的高点后开始回落，形成头肩顶反转形态的左肩。

当价格回落到一定阶段后，在某个位置得到支撑后进行回升，之后现货黄金价格缩量上涨到第二个高点，又开始了第二次下跌，并在第二个高点之处形成头肩顶反转形态的头部。

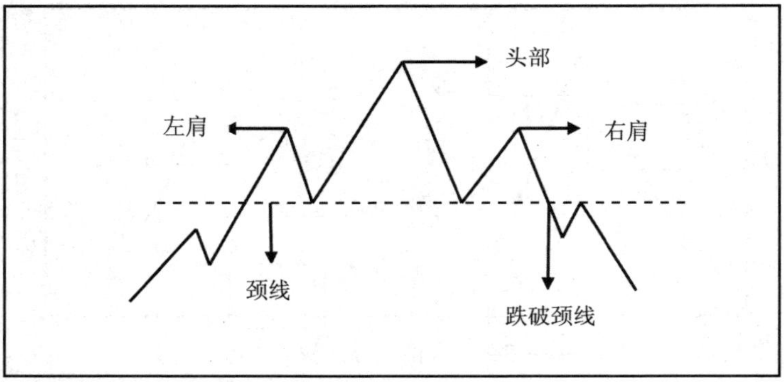

●图 5-27　头肩顶反转形态

在前两段的涨跌过后，现货黄金价格企稳回升到高点后再次下跌，在此高点处形成头肩顶反转形态的右肩，并跌破上一个低点的支撑线，也就是颈线。最终，在此处形成头肩顶的形态。

一般来说，头肩顶反转形态常常在现货黄金价格上涨的高位出现，在形成的过程中，左肩的成交量最大，头部的成交量次之，右肩的成交量最小。

2. 头肩底反转形态

头肩底反转形态又称为三重底。

解析：如图 5-28 所示，现货黄金价格在下跌到一定的低点后开始反弹，形成头肩底反转形态的左肩。

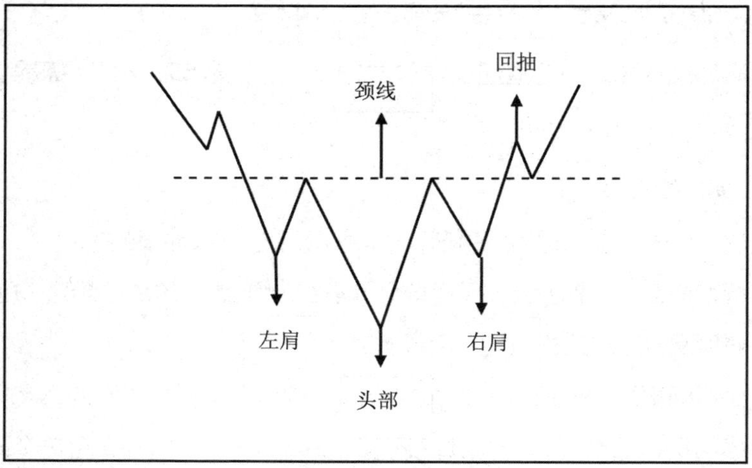

●图 5-28　头肩底反转形态

当价格反弹到一定阶段后，在某个位置受到阻碍后回落并创出了新的低点，之后现货黄金价格再次反弹形成头肩底反转形态的头部。

一般来说，在前两段的涨跌过后，现货黄金价格上涨到上次反弹高点附近受到阻碍后回落，并在第一次价格下跌的低点附近止跌企稳。随后，后市价格上涨并突破阻力线（颈线）。最终，在此处形成头肩底的形态。

5.3.7 双重顶反转形态与双重底反转形态

双重顶反转形态与双重底反转形态是指在价格顶部或底部形成的两个波峰，常称之为“M”形反转形态和“W”形反转形态。

1. 双重顶反转形态

双重顶反转形态又称为“M”形反转形态。

解析：如图 5-29 所示，双重顶的两个高点（左顶和右顶）一般处于同一水平附近，两个高点之间的连线称为压力线。两个高点不同的是，一般情况下，第二个高点要低于第一个高点。

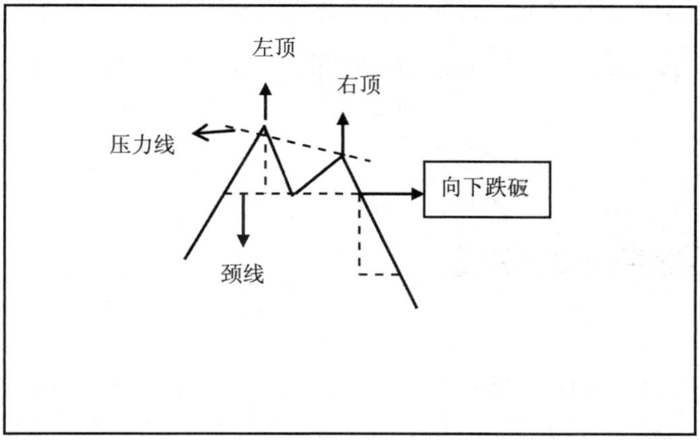

• 图 5-29 双重顶反转形态

双重顶反转形态一般在价格的上涨高位出现，是价格见顶的反转形态。

2. 双重底反转形态

双重底反转形态又称为“W”形反转形态。

解析：如图 5-30 所示，双重底的两个底点（左底和右底）一般处于同一水平附近，两个底点之间的连线称为支撑线。两个底点不同的是，一般情况下，第二个底点要高于第一个底点。

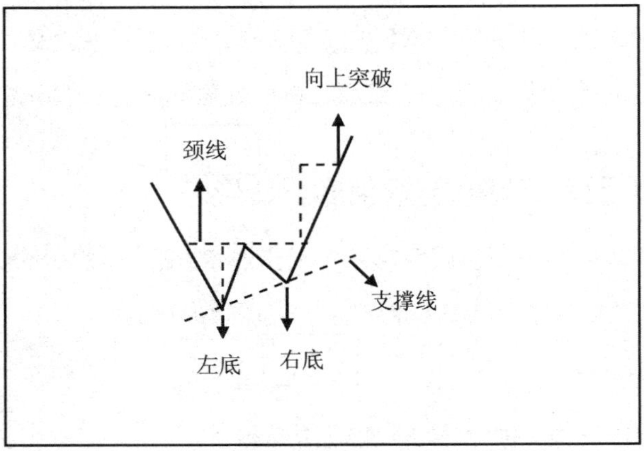

• 图 5–30　双重底反转形态

一般来说，双重底反转形态一般在价格的下跌底位出现，是一个价格见底的反转形态。双重底反转形态形成的过程中，投资者若是在颈线被突破时买入，则很可能出现风险，因为价格有再次回落的可能性，但若是回抽到颈线附近止跌又反转上涨，则可以确认 W 已经成形，后市的价格很有可能继续向上突破。

5.4　形形色色的均线

移动平均线是由著名的美国投资专家 Joseph E.Granville（葛兰碧，又译为格兰威尔）于 20 世纪中期提出来的。

移动平均线（Moving Average，简称 MA）原本的意思是移动平均，由于我们将其制作成线形，所以一般称之为移动平均线。它是将某一段时间的收盘价之和除以该周期。

均线理论是当今应用最普遍的技术指标之一，它帮助交易者确认现有趋势，判断将出现的趋势，发现过度延生即将反转的趋势。

5.4.1　各种周期均线的应用

移动平均线有 5 日均线、10 日均线、20 日均线、30 日均线、60 日均线、120 日均线、240 日均线之分。其中，5 日均线和 10 日均线是短期均线指标，20 日均线、30 日均线和 60 日均线是中期均线指标，而 120 日均线和 240 日均线是长期均线指标。

这里主要介绍 5 日均线、10 日均线、20 日均线、30 日均线和 60 日均线，如图 5–31 所示。

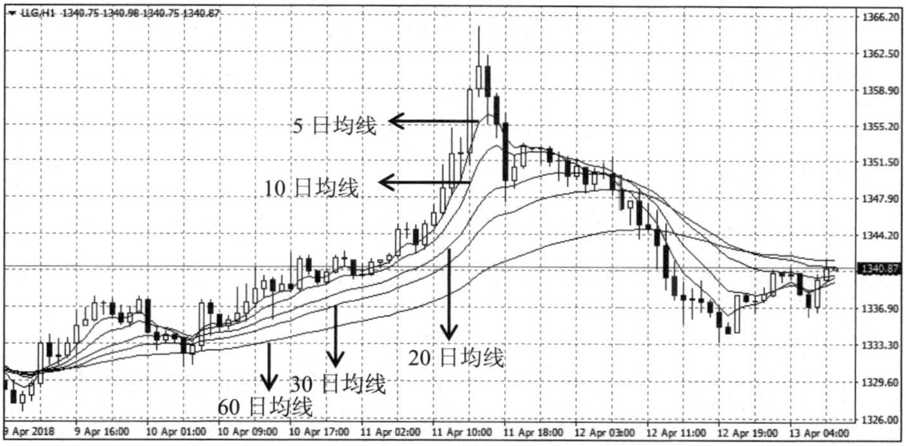

●图 5–31　均线

解析：如图 5–31 所示，分别为 5 日均线、10 日均线、20 日均线、30 日均线、60 日均线，且 5 日均线距离走势最近，10 日均线距离走势较近，20 日均线距离走势比 10 日均线距离走势稍微远一些，30 日均线距离走势较远，60 日均线距离走势最远。

5 日均线、10 日均线、20 日均线、30 日均线、60 日均线具有各自的市场意义。

5 日均线是移动平均线系统中的短期均线，反映走势的短期运行趋势。5 日均线拐头向上，意味着对走势具有助涨的作用；5 日均线直接走平，意味着走势正在处于整理阶段；5 日均线拐头向下，意味着对走势具有助跌的作用。

无论走势短期运行的趋势是上升、走平还是下跌，5 日均线运行角度的陡和缓，代表了走势短期上升或者下跌力度的大小，即 5 日均线向上的斜率越大，则上涨速度越快；5 日均线向下的斜率越大，则下跌速度越快。

10 日均线的应用方法与 5 日均线的应用方法相似，但 10 日均线运行更加稳定一些，并且大多数强势走势的上涨和下跌，都是依托 10 日均线运行的。

在中长期的上升趋势中，走势向上突破 10 日均线，意味着上涨途中的中短期整体走势有望结束，可利用走势向上突破 10 日均线的位置，进行做多。

在中长期下跌趋势中，若是走势向上突破 10 日均线，并有效地站上 10 日均线，那么，此位置是一个不错的抢反弹的时机。

20 日均线与 30 日均线，20 日均线被称为辅助线，对走势同样具有助涨和助跌的参考作用。20 日均线拐头向上，意味着对走势具有助涨的作用；20 日均线直接走平，意味着走势正在处于整理阶段；20 日均线拐头向下，意味着对走势具有助跌的作用。

30 日均线被称为生命线，是走势波段强弱的分界线。30 日均线拐头向上，意味着对走势波段看好；30 日均线拐头向下，意味着走势波段具有下跌的趋势。

60 日均线被称为决策线，意味着中长期走势的方向和力度。与 20 日均线或者 30 日均线相比，60 日均线具有滞后性，所以，60 日均线侧重体现的是走势，而不是走势波段。

60 日均线拐头向上，意味着对走势看好；60 日均线拐头向下，意味着走势看跌。

当然，还有 120 日均线和 240 日均线，但其更具有滞后性。

综合来说，5 日均线、10 日均线、20 日均线、30 日均线、60 日均线，这些移动均线具有解释走势趋势、助涨助跌、揭示多头市场与空头市场的作用。

1. 解释走势趋势

移动平均线向上，意味着走势向上；移动平均线向下，意味着走势向下。通过分析短期移动平均线、中期移动平均线或者长期移动平均线，能够了解走势的趋势。

2. 助涨助跌

当移动平均线处于上升阶段时，其对走势有助涨的作用，即当走势从移动平均线上方回落至移动平均线附近时，移动平均线对走势有支撑作用，促使走势回升。因为移动平均线代表平均成本，当走势在移动平均线之上时，意味着太多筹码为获利盘，当走势回落至移动平均线附近时获利盘则会减少。

同样，当移动平均线处于下降阶段时，其对走势有助跌的作用，即当走势从移动平均线下方反弹到移动平均线附近时，移动平均线会对走势形成阻力，迫使走势回落。

3. 揭示多头市场与空头市场

走势和短期移动平均线、中期移动平均线以及长期移动平均线的排列次序是辨别多头市场与空头市场的依据。

当股价和短期移动平均线、中期移动平均线以及长期移动平均线自上而下排列时，称为“多头排列”，意即处于多头市场。

当股价和短期移动平均线、中期移动平均线以及长期移动平均线自下而上排列时，称为“空头排列”，意即处于空头市场。

5.4.2 均线的多头排列

均线的大概特点分多头排列和空头排列。市场趋势是强势上升势，K 线在 5 日均线、10 日均线、20 日均线、30 日均线、60 日均线下支撑排列向上为多头排列，也就是短期均线在长期均线的上方，并且均线向上发散。这种排列方式就是多个周期的均线多头排列。

解析：如图 5-32 所示，在 2018 年 4 月 6 日 20:00 之前，黄金价格走势一直处于小幅度的上涨与下跌，随后，2018 年 4 月 9 日 20:00，5 日均线、10 日均线、20 日均线、30 日均线、60 日均线开始相互形成黄金交叉，即图中黑色方框内，这些黄金交叉使走势开始上涨。

此后，各均线之间已经根据时间周期依次排列，即短期均线在长期均线的上方，并且均线向上发散，可谓多头排列明显。

• 图 5-32　黄金（GOLD）4 小时 K 线

均线黄金交叉是指上升中的短期移动平均线由下而上穿过上升的长期移动平均线的交叉，这个时候压力线被向上突破，表示走势将继续上涨，走势看好。

5.4.3　均线的空头排列

与多头排列相反，空头排列是指短期均线在长期均线的下方，并且均线向下发散。这种排列方式就是多个周期的均线空头排列，代表市场趋势强势下跌势。

解析：如图 5-33 所示，在 2018 年 4 月 13 日 01:05 至 2018 年 4 月 13 日 05:45 之间，黄金价格走势一直处于上涨走势，随后，2018 年 4 月 13 日 05:45，5 日均线、10 日均线、20 日均线、30 日均线、60 日均线开始相互形成死亡交叉，即图中黑色方框内，这些死亡交叉使走势开始下跌。

此后，至 2018 年 4 月 13 日 07:20 出现了短期均线在长期均线的下方，并且均线向下发散的多个周期的均线空头排列。

均线死亡交叉是指下降中的短期移动平均线由上而下穿过下降的长期移动平均线，这个时候支撑线被向下突破，表示走势将继续下落，走势看跌。

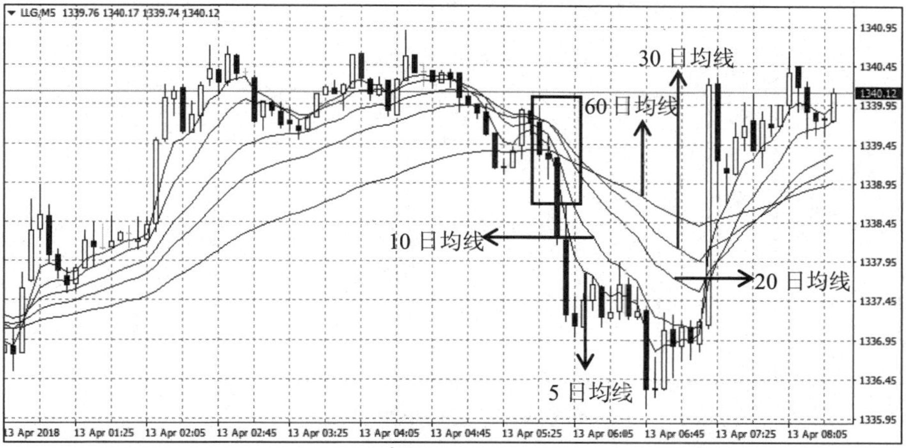

● 图 5-33　黄金（GOLD）5 分钟 K 线

5.5　价格波动的趋势与趋势线

趋势线是技术分析的诸多方法中最常见的一种方法，正确地绘出各种类型的趋势线，是决定投资者是顺势交易还是逆势交易关键的因素之一。

趋势线的最基本形式是，在一个上升趋势中，连接明显的支撑区域（最低点）的直线就是趋势线。在一个下降趋势中，连接明显的阻力区域（最高点）的直线也是趋势线。

5.5.1　上升趋势线

上升趋势线是指现货黄金价格上涨行情中，连接某一时间段最低点（或相对低点）与最高点之前的任意低点，中间不穿越任何价位的直线。

上升趋势线的功能在于能够显示出股价上升的支撑位，一旦股价在波动过程中跌破此线，就意味着行情可能出现反转，由涨转跌。

解析：如图 5-34 所示，为一条上升趋势线，即上涨走势中两个以上的低点的连线，从这条趋势线中可以看出，目前市场已经或即将转为下降走势，投资者需要减仓观望。

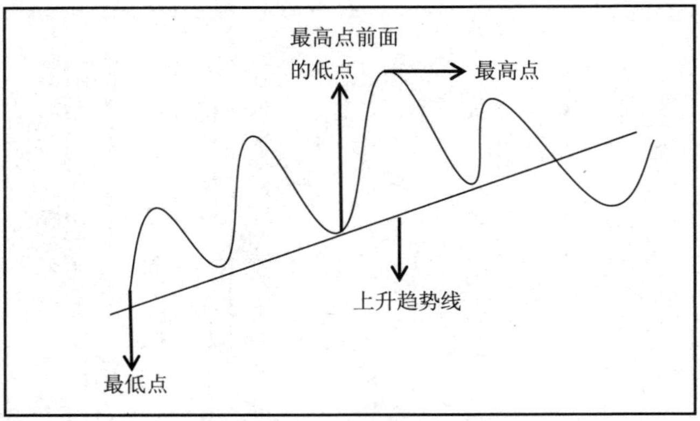

●图 5-34　上升趋势线

5.5.2　水平趋势线

水平趋势是指走势后面的波峰和波谷与前面的波峰和波谷基本持平，将这水平趋势的两个峰顶或两个谷底连成的直线就是水平趋势线。也可以说，水平趋势线是指在走势持续横盘整理过程中，将每次的低点或者高点相连而形成的横向延伸线，没有明显的上升和下降趋势。

水平趋势线反映了股票价格在一段时间内的基本走向。水平趋势线既可以是走势上升途中回调时形成的水平支撑线，也可以是走势下跌途中形成的水平支撑线。

解析：如图 5-35 所示，为水平趋势线，走势图中后面的高点和低点与前面的高点和低点相比，没有明显的高低之分，几乎呈现水平延伸，此时可以利用两条平行的水平直线绘制出水平趋势线。

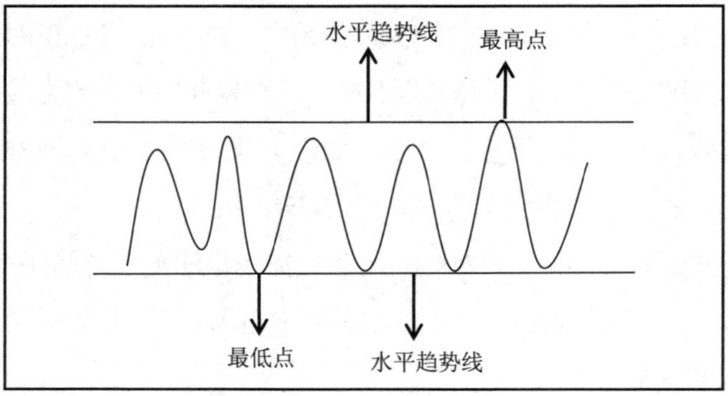

●图 5-35　水平趋势线

一般来说，趋势线越平，越靠近水平位置，它的技术性就越重要。这是因为现货黄金市场正处于供需平衡的状态，下一步朝哪个方向运转很难预测，所以在这个关键时刻，投资者需要将区间划得很小，从小的角度来发现是否有趋势转变的可能。

5.5.3 下跌趋势线

下跌趋势线是指现货黄金价格下跌行情中，联结某一时间段最高点（或相对高点）与最低点之前的任意高点，中间不穿越任何价位的直线。

下跌趋势线的功能在于能够显示出走势下跌过程中回升的阻力，一旦走势在波动中向上突破此线，就意味着走势可能会止跌回涨。

解析：如图 5-36 所示，为下跌趋势线，即下跌走势中两个以上的高点的连线，从这条趋势线中可以得出，目前市场已经或即将转为上涨走势。

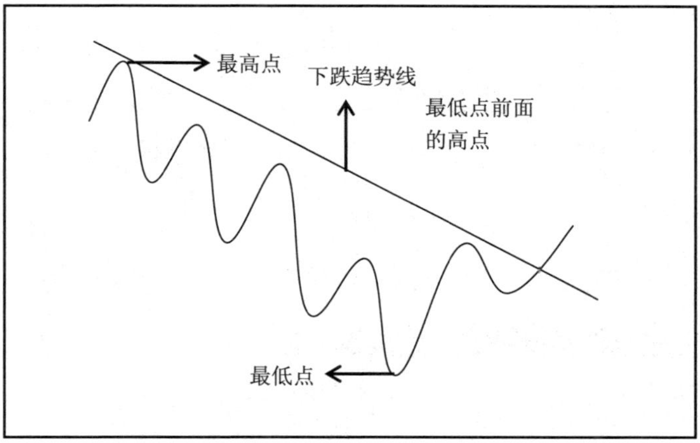

• 图 5-36　下跌趋势线

在绘制趋势线的时候，投资者需要注意以下几点：

第一点：趋势线根据走势波动时间的长短，可以分为长期趋势线、中期趋势线和短期趋势线。时间周期越长，趋势线的有效性就越高。

第二点：趋势线联结的高点或低点的数量越多，则其有效性就越强。

第三点：如果画出的趋势线被走势短暂突破，则不能完全认为金价的走势行情将被改变，还需要观察。

除此之外，趋势线还可以分成支撑线和压力线。将走势波段运行的低点和低点联结成一条直线，就是支撑线；将走势波段运行的高点和高点联结成一条直线，就是压力线。

其中，支撑线对分析走势就有非常重要的作用，如表 5-1 所示。

表 5-1　支撑线对分析走势的作用

走势形态	市场作用
走势由上向下跌破支撑线	意味着走势将由上升趋势转换为下降趋势
走势由上向下接触支撑线	但未能跌破而掉头回升，若有大成交量配合，则当再出现下降回调时，可利用反弹做短线投资
走势由上向下跌破支撑线	若有大成交量配合，则说明新的跌势已经形成，可利用反弹做空
走势由上向下接触支撑线	虽未曾跌破，但也无成交量配合，则预示后续走势难以出现反弹
在支撑线附近，走势形成盘档	经过一段时间的整理，若是出现一根长阳线，则表明该支撑线有效
	经过一段时间的整理，若是出现一根长阴线，则预示后续走势将会下跌

本节介绍了趋势线的相关知识，具体的案例分析将在本书第 8 章做详细介绍。

5.6　融合市场情绪的波浪理论

美国证券分析家拉尔夫・纳尔逊・艾略特（R.N.Elliott）利用道琼斯工业平均指数（Dow Jones Industrial Average，DJIA）作为研究工具，发现不断变化的股价结构性形态反映了自然和谐之美。

正是这一发现，拉尔夫·纳尔逊·艾略特提出了一套相关的市场分析理论，精炼出市场的 13 种形态（Patte・rn）或波浪（Waves），在市场上这些形态重复出现，但是出现的时间间隔及幅度大小并不一定具有再现性。

而后拉尔夫・纳尔逊・艾略特又发现了这些呈结构性形态之图形可以联结起来形成同样形态的更大图形。于是，又提出了一系列权威性的演绎法则用来解释市场的行为，并特别强调波动原理的预测价值，这就是久负盛名的艾略特波浪理论。

5.6.1 5 波推动浪及 3 浪调整浪

艾略特发现，一个较长周期的波浪，可以细分成小波浪，小波浪再分割成更小的细浪。波浪的模式会重复出现，一个完整的周期会包括 8 种不同的走势，如图 5-37 所示。

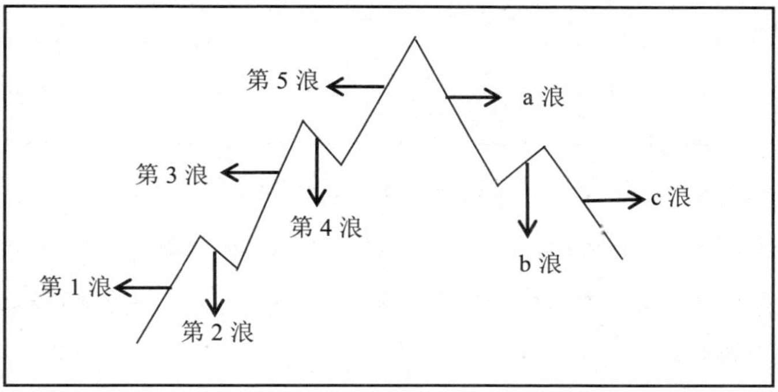

• 图 5-37　5 波推动浪及 3 浪调整浪

解析：如图 5-37 所示，包括 5 个上升浪第 1、2、3、4、5 浪和 3 个下跌浪 a、b、c 浪，第 1、3、5 浪因其上升形态被称为推动浪，而第 2、4 浪的下跌形态被称为调整浪。就其高一级的波浪而言，笋 1 至 5 浪称为大推动浪，而 a、b、c 三浪称为调整浪。

如图 5-37 所示，当下跌浪的幅度较小时，上升浪的幅度会较大；当上升浪的幅度较小时，下跌浪的幅度会较大。

所以，波浪理论的 8 个走势中，共有 5 波推动浪及 3 浪调整浪。推动浪包括 3 波上升浪及 2 波下跌浪；调整浪包括 2 波下跌浪及 1 波上升浪。

5.6.2 将情绪带入波浪理论

波浪的特点是把人类行为情绪化带入波浪理论。其是人类群体行为必不可少的反映。众多投资者的情绪，从悲观到乐观或者从乐观到悲观，就在波浪结构中的相应位置产生，进而体现在走势当中。

下面来解读波浪理论 5 波推动浪与 3 浪调整浪的特点，如表 5-2 所示。

表 5-2　波浪理论 5 波推动浪与 3 浪调整浪的特点

波浪理论的特点	
第 1 浪：上升浪	从走势底部反弹，具有上升力度，但极具危险
第 2 浪：下跌浪	巩固第 1 浪的上升
第 3 浪：上升浪	上升力度较强，是上升浪中较短的一浪
第 4 浪：下跌浪	涨势中最强劲的升势结束，并完成调整
第 5 浪：上升浪	最后的上涨，通常达不到第 3 浪的涨幅
a 浪：下跌浪	下跌走势调整的开始
b 浪：上升浪	反弹力度弱，确认下跌走势
c 浪：下跌浪	下跌走势最猛的一浪

根据表 5-2 所示，针对 5 波推动浪与 3 浪调整浪的特点，做详细的介绍。

第 1 浪上升浪：大概有一半的第 1 浪是构筑底部形态的一部分，所以，第 1 浪常常被第 2 浪大幅度调整，而另外一半的第 1 浪从长期底部形态构筑完成后涨起，这样开始的第 1 浪非常有力，随后的第 2 浪调整也很小。

第 2 浪下跌浪：在第 2 浪中的回调掉几乎整个第 1 浪的升幅，从第 1 浪获得的大部分涨幅会在第 2 浪结束时损失。

同时，第 2 浪常常以成交量的萎缩和价格波幅的减少而结束。这表明市场抛压已轻，从浪形上看，第 2 浪通常以简单形态出现，并根据波浪理论的交替原则，第 2 浪与第 4 浪形态必定是简单与复杂交替出现。

第 3 浪上升浪：这一浪是最具爆发力的推动浪，走势强劲，很多情况下，第 3 浪是第 1 至 5 浪中最长的浪，也可能是上升幅度最长的浪，但至少不会是第 1、3、5 浪中最短的一浪。这是波浪理论的铁律之一。

第 3 浪通常产生最大的成交量和价格波动，这个阶段将产生一系列突破、成交量大增、跳空缺口等剧烈的市场表现。这一浪的走势将为第 3 浪展开时提供最有价值的数浪线索。

第 4 浪下跌浪：这一浪常以较为复杂的形态出现，其调整深度和形态根据交替原则，与第 2 浪的不同，往往较易预测。

在走势中，第 4 浪经常为盘整形态运行，其下探的低点，也就是第 4 浪的浪底，绝对不能与第 1 浪的高点重叠，这也是波浪理论的铁律之一。

第 5 浪上升浪：第 5 浪是最后一个推动浪，常常会创出新高，该浪的升幅通常小于第 3 浪，且有出现失败形态的可能，即第 5 浪不能创出新高，高点低于第 3 浪的浪顶。

大多情况下，走势中第 5 浪的上升力度比第 3 浪小，其价格变化的速度和成交量也比第 3 浪小，但第 5 浪如果有延长浪，则成交量可以和第 3 浪相当。

这里值得注意的是，第 5 浪上升的过程中，投资者的乐观情绪异常高涨，但是市场表现出的上升力度和成交量等均出现不同程度的顶背离信号。

a 浪下跌浪：第 5 浪之后的 a 浪是对前上升行情第 1 至 5 浪总调整的开始，其长度要短于 c 浪。a 浪的出现意味着后续走势有回落的表现，但是市场中的多数投资者并未认识到总调整的出现，只是认为这是一次短期调整。

b 浪上升浪：a 浪之后的 b 浪可以认为是虚假的走势反弹，这一波小幅度的反弹是标准的“多头陷阱”。投机者往往会认为走势将迎来上升，但 b 浪只是一个上升的假象。

c 浪下跌浪：5 波推动浪与 3 浪调整浪中的最后一浪 c 浪，是跌势最猛的一浪，摧毁性极强，跌幅大并且延续时间长。在这种跌势中，投资者在 a 浪、b 浪中的希望多数情况下会在 c 浪中迅速破灭，走势进入下跌。

第6章

投资真谛：现货黄金实战口诀与策略（一）

黄金实战口诀与策略是本书的重点内容，但因其内容复杂，在本书中将其分为两章介绍。本章介绍现货黄金实战口诀与策略第1—12节，第7章介绍现货黄金实战口诀与策略第13—25节。

本章中的黄金实战口诀中，有些是做空的实战口诀，比如6.4节中的“亚盘下跌欧盘延续，美盘前反弹是‘诱多’”，就是一个做空的实战口诀。有些是做多的实战口诀，比如6.5节中的“亚盘上涨欧盘延续，美盘前回撤是‘诱空’”，就是一个做多的实战口诀。

综合来说，每两节实战口诀之间，多数是呈相反的关系，比如6.8节“破位压力莫要慌，回撤确认仍可多”与6.9节“破位支撑别着急，反弹确认仍可空”，第6.10节“慢涨行情必加速，莫猜顶待发力”与6.11节“慢跌行情有瀑布，莫抄底待释放”等。

第6.1至6.12节整体是以时间和影响黄金价格走势的事件为基础的，是一些循序渐进的判断方法，在我的微信公众号“李生论金”中，有相关黄金实战口诀的视频，投资者可结合视频进行学习。

本章导读：

- 早盘急涨难延续，欧破底美走跌
- 早盘急跌无“好事”，欧盘破顶美走高
- 早盘急跌无“好事”，欧不破顶美震荡
- 亚盘下跌欧盘延续，美盘前反弹是“诱多”
- 亚盘上涨欧盘延续，美盘前回撤是“诱空”
- 前日弱势底部收，次日早盘还可空
- 前日强势高位收，凌晨低点是支撑
- 破位压力莫要慌，回撤确认仍可多
- 破位支撑别着急，反弹确认仍可空
- 慢涨行情必加速，莫猜顶待发力
- 慢跌行情有瀑布，莫抄底待释放
- 亚大欧小大包小，破小跟随反向倍

6.1 早盘急涨难延续，欧破底美走跌

要想完成“早盘急涨难延续，欧破底美走跌”这个口诀，需要以下三个条件。

第一个条件：北京时间 10：00 前，走势快速拉升。

第二个条件：走势上探之后快速或持续回落至起涨点。

第三个条件：走势冲高回落破位亚盘起涨点。

“早盘急涨难延续，欧破底美走跌”口诀具体的解析，如图 6–1 所示。

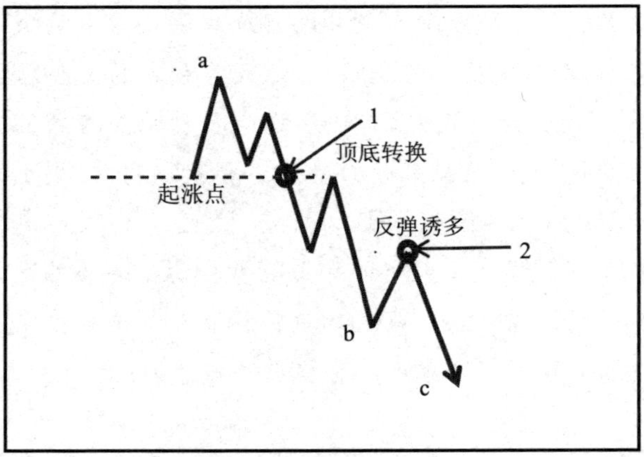

• 图 6–1 “早盘急涨难延续，欧破底美走跌”基本走势

解析：如图6–1所示，早间走势开盘之后，亚盘出现快速上升的局面（图中虚线方框 a 中的上涨），一般在北京时间 10：00 前能完成这次拉升。

走势上涨之后没有高位横盘或者延续这波上升，而是出现了回落（图中虚线方框 a 中的下跌）。走势回落时，靠近起涨点的位置，出现了二次反弹，但二次反弹不创新高，回落（图中 1 处）跌破了走势起涨点的位置。

随后，走势继续下跌，并反弹至起涨点位置后延续下跌趋势（图中虚线

方框 b），走势继续创新低。

若是到了美盘（图中虚线方框 c）前整个欧盘走势表现得比较弱，那么美盘走势前后的反弹一定是空单操作，因为这是一次反弹诱多的现象，应该以反弹后继续做空黄金为主。如图 6-1 所示，走势经过了反弹诱多的位置之后，出现了加速下跌或延续下跌的走势。

如图 6-1 所示，只要走势跌破了早上的起涨点位，那么全天剩余时间的走势会以高空为主。其中，全天一共有两次布局空的机会，一次是急涨之后回撤破位早间起涨点位置，即图中 1 反弹顶底转换的位置（b 区域的高点的位置），另一次则是在欧盘走弱、美盘前反弹诱多的时候，即图中 2 的位置。

为了能够更好地理解，这里进行实战分析。

实战分析一：如图 6-2 所示，2016 年 7 月 11 日早间的时候，黄金价格走势跳空 1367 美元 / 盎司，出现了开盘急涨的行情，并且刷新 1375 美元 / 盎司的高点，在这之后走势并没有延续这波上升趋势，而是出现了一路慢跌的走势，下跌至起涨点位置 1367 美元 / 盎司的附近，这个位置也是早间走势起涨点的位置。

• 图 6-2　2016 年 7 月 11 日黄金（GOLD）1 小时 K 线

同时，在这波下跌走势中出现了反弹，反弹没有突破 1375 美元 / 盎司的新高，而是顺势回落，回落却跌破了 1367 美元 / 盎司起涨点，抵达 1363 美元 / 盎司的低点位置。

到了午后的时间段，走势延续缓慢下跌趋势，出现了二次反弹，反弹未突破 1367 美元 / 盎司的位置，而是一路慢跌向下，直至美盘时段刷新 1350 美元 / 盎司的低点。

如图 6-2 所示，走势从高点 1375 美元 / 盎司下跌至 1350 美元 / 盎司，下跌的幅度达到 25 美元 / 盎司。

如图 6-2 所示，走势在跌破起涨点 1367 美元 / 盎司之后，将有一次做空的机会，欧盘若持续阴跌向下，美盘前的反弹可以二次建仓空单，也就是走势下跌的二次反弹的高点是一个二次建仓做空的机会。可见，此种走势在交易当中会出现连续两次入场交易空的机会，也是最常见的行情走势，投资者应该把握二次做空的时机。

实战分析二：如图 6-3 所示，2016 年 7 月 20 日，黄金价格走势早间开盘之后快速拉升至 1338 美元 / 盎司的高点位置，之后走势并没有延续上升，而是快速地回撤至起涨点 1332 美元 / 盎司的位置，即使回撤途中出现了小幅度的二次反弹，也没有再创新高，而是整理之后继续向下慢跌。如图 6-3 所示，亚盘以慢跌的走势为主，跌破 1332 美元 / 盎司的起涨点位置，并且中途几乎没有太大的反弹，而是出现了连续的阴线，形成了十个连续阴线下跌的态势。随后，黄金价格加速下跌延续了这波跌势，走势再次以连续阴线的形式下跌。

• 图 6-3　2016 年 7 月 20 日黄金（GOLD）1 小时 K 线

如图 6-3 所示，早间的上涨至 1338 美元 / 盎司的这波走势看似强势，实则是诱多深入，当走势跌破 1332 美元 / 盎司的起涨点位置时，就已经为后面的下跌奠定了基础。面对走势跌破起涨点位 1332 美元 / 盎司时，投资者可以果断入场做空单。

另外，欧盘下跌之后，美盘还有下跌的低点，以加速下跌的形式来延续欧盘，而且即使下跌的途中出现反弹，也是诱多的情况，很少出现变盘的情况。美盘的下跌迎来了二次开仓做空的机会。

很多投资者往往面对早盘急涨的行情，本能地会进行回撤多单的操作，而在这种走势当中，回撤多单就是致命且错误的交易。

对于早间黄金价格走势的快速拉升，投资者一定要仔细观察走势的起涨点位，在 10：00 之后能否回撤跌破起涨点位，一旦回撤跌破起涨点位，那么走势就符合“早盘急涨难延续，欧破底美走跌”的口诀。

6.2 早盘急跌无“好事”，欧盘破顶美走高

想要完成“早盘急跌无‘好事’，欧盘破顶美走高”这个口诀，需要以下四个条件。

第一个条件：北京时间 10：00 前开盘，走势快速下跌。

第二个条件：走势下跌不持续，下探之后 2 小时之内出现持续性反弹。

第三个条件：反弹一定要突然早上起跌点的位置。

第四个条件：走势二次回踩前高点形成顶底转换。

“早盘急跌无‘好事’，欧盘破顶美走高”口诀具体的解析，如图 6-4 所示。

解析：如图 6-4 所示，走势在早间开盘之后，亚盘（图中虚线方框中的 a）快速下跌，一般在 8：00—10：00 的时间段，走势探底之后并没有产生底部横盘或延续下跌，而是连阳上升持续反弹，并且突破早间起跌的位置，时间节点在夏令时经常出现在 14：00 前后。

如图 6-4 所示，随后走势出现回撤，此时，回撤亚盘起跌点位置就可以做多。

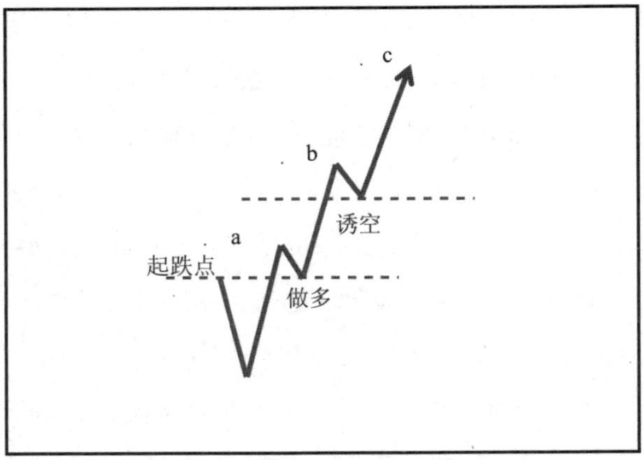

●图 6-4 “早盘急跌无‘好事’，欧盘破顶美走高”基本走势

走势回撤之后，出现了反弹。这种反弹一直持续到美盘前，美盘（图中虚线方框中的 b）延续反弹继续刷新高点。

美盘前的回撤其实就是“诱空”，此时的走势不会再有变盘向下，而是会延续欧盘的强势继续向上，这也是所谓的“强势不深调、深调不强势”，即强势上涨的时候，走势不会出现太大的调整，而出现太大调整的走势中，一般不会出现强势上涨的走势。

图 6-4 中的这种走势经常出现在下跌行情转上涨或者转震荡当中。亚盘（图中虚线方框中的 a）的快速下跌是对前面空头能量的最后释放，走势进入美盘之后的反弹，是为了慢涨不断地引诱空头介入，持续不断地向上推高，尤其突破了早上亚盘起跌点的位置，美盘前回撤的幅度一般不会太大，主要以修正为主。

这种回撤是为了蓄势新的延续性上涨，美盘回调是调仓手里的空单，借机建仓多头。

可以说，真正的弱势走势不会出现持续不断的反弹，让所有投资者都介入，而多数投资者不介入的时候，反弹的概率反而会更大。

为了能够更好地理解，这里进行实战分析。

实战分析：如图 6-5 所示，2016 年 7 月 13 日，黄金价格走势早间开盘之后，以凌晨最后一次反抽高点 1335 美元 / 盎司为压力点，在北京时间上午 10：00 之前快速地下跌，并刷新 1327 美元 / 盎司的低点。到达低点之后，走势并没有延续下跌，而是连续阳线拉升，并且有效反弹突破了早间起跌点的位置 1335 美元 / 盎司。

• 图 6-5　2016 年 7 月 13 日黄金（GOLD）30 分钟 K 线

随后，走势回踩确认 1335 美元 / 盎司后，迎来持续性的反弹，而由于欧盘的反弹，美盘一直到收盘也没有出现下跌，则是反复的震荡式上升。

面对早间走势急跌时，一定不要选择追空单，因为当走势反弹突破早间起跌位置 1335 美元 / 盎司的时候，意味着全天走势不再会有新低，但这里有两次做多的机会。第一次做多的时机，是走势的回踩确认前高点；第二次做多的时机，是美盘走势上涨之后的回撤。

投资者要注意的是，真正的下跌走势是不会出现过高的反弹的，让所有投资者都介入，早盘急跌所谓的“无好事”是多数投资者认为是做空的机会，但其实只是对前一日阴跌行情能量的释放而已，投资者一定要关注走势的反弹有没有超过起跌点位置。

6.3　早盘急跌无“好事”，欧不破顶美震荡

想要完成“早盘急跌无‘好事’，欧不破顶美震荡”这个口诀，需要以下三个条件。

第一个条件：北京时间 10：00 前，走势开盘快速下跌。

第二个条件：走势下跌之后快速反弹至早盘起跌点附近。

第三个条件：走势持续至美盘前后未突破早盘高点。

“早盘急跌无‘好事’，欧不破顶美震荡”口诀具体的解析，如图 6-6 所示。

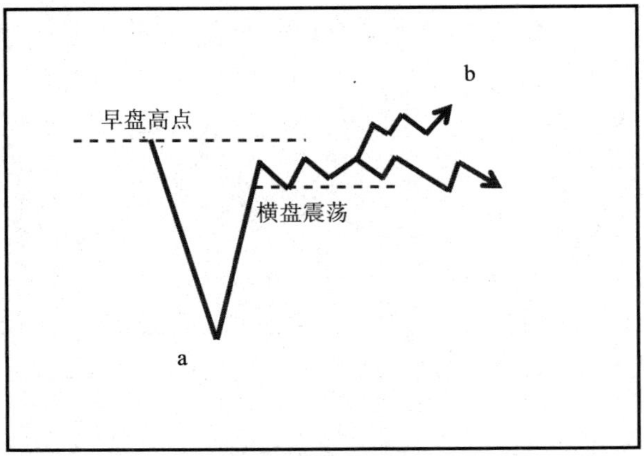

• 图 6-6　“早盘急跌无‘好事’，欧不破顶美震荡”基本走势

解析：如图 6-6 所示，走势在早盘开盘之后，从早盘的高点位置开始快速地下跌（图中虚线方框中的 a）。同样，在 8：00—10：00 时间段，走势探底之后并没有出现底部横盘，而是快速地反弹至起跌点附近，但走势一直压制在早盘的高点下方并没有有效地向上突破。如图 6-6 所示，走势出现了横盘震荡，其时间跨度比较大，有时候会持续到美盘前后，也就是 18：00—20：00 这个时间段。

如图 6-6 所示，图中虚线方框中 a 之后的走势看似反弹强势，但没有突破早间的高点位置。走势到了晚间的时候，即使出现了反弹，反弹的空间也不会太大，或者反弹就是为了二次诱多，基本上以震荡为主。

所以，早间急跌的行情一定要看图中虚线方框中 a 之后，走势反弹的力度大小，是否有效地突破图中早盘高点位置，此走势往往与 6.2 节“早盘急跌无‘好事’，欧盘破顶美走高”的走势有些类似或雷同之处，这也是不少投资者往往混淆的行情。

欧盘上涨不突破早盘高点的顶部，此后的美盘无论是上涨还是下跌的空间都是有限的，因为欧盘的横盘是最典型的时间换空间，也就是用横盘震荡来拖延时间。

为了能够更好地理解，这里进行实战分析，如图 6-7 所示。

• 图 6-7　2016 年 7 月 15 日黄金（GLOD）小时 K 线

实战分析：如图 6-7 所示，2016 年 7 月 15 日，早盘黄金价格从 1336.5 美元 / 盎司快速地下探跌至黄金分割线 0.618 的位置，即 1326 美元 / 盎司所处的位置，在这之后走势并没有出现延续性的下跌，而是形成了二次反弹行情，但反弹没有突破 1336.5 美元 / 盎司位置，而是在早盘高点 1336.5 美元 / 盎司的下方持续了数小时横盘整理。

这波持续了数小时的横盘整理，一直持续到了美盘，美盘走势回落并且继续震荡。

面对这种没有突破 1336.5 美元 / 盎司的走势，投资者不要在此去追多单，反而可以将手里的多单调仓，或者以空单防守在高点上方 1 美元 / 盎司处，因为走势没有突破 1336.5 美元 / 盎司，表明走势看似强势，但实则是引诱投资者。

投资者可以将图 6-7 中黑色方框中的走势看成一个区间震荡，在此不要过多地参与，因为面对早盘走势急速下跌，以及走势的二次反弹，并且不突破 1336.5 美元 / 盎司高点的位置，行情多数以观望为主。

6.4　亚盘下跌欧盘延续，美盘前反弹是“诱多”

想要完成“亚盘下跌欧盘延续，美盘前反弹是‘诱多’”这个口诀，需要以下三个条件。

第一个条件：亚盘时，走势缓慢下跌，高点不断下移，无过大幅度反弹。

第二个条件：欧盘时，走势延续下跌，并且有效破位了早间下跌低点位置。

第三个条件：走势连阴下跌中途修正以单根阳线或十字 K 线代替。

“亚盘下跌欧盘延续，美盘前反弹是‘诱多’”口诀具体的解析，如图 6-8 所示。

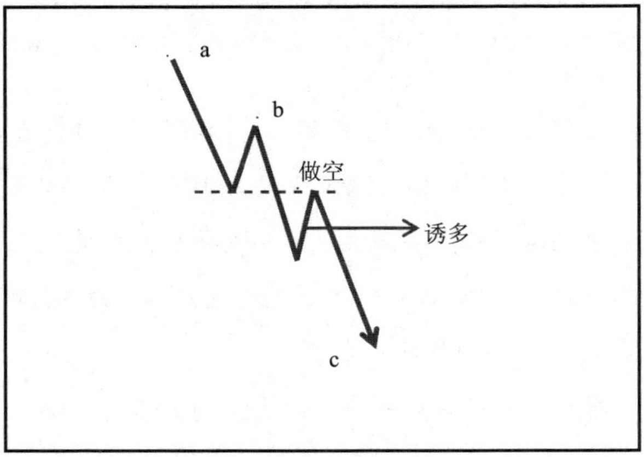

• 图 6-8　“亚盘下跌欧盘延续，美盘前反弹是‘诱多’”基本走势

解析：如图 6-8 所示，走势在早间开盘之后，亚盘出现了下跌走势（图中虚线方框 a），中途出现了小幅反弹或者不反弹直接慢跌向下的走势，中途几乎没有出现连续阳线的上涨，最多 1—2 根 K 线的修正。

欧盘（图中虚线方框 b）继续下跌并且破了亚盘下跌的最低点位置，如图 6-8 所示的虚线，这次是以主导下跌为主，即使出现了反弹，每一次反弹之后都是快速被打压，高点不断地下移并且低点被击穿。

随后，迎来了美盘（图中虚线方框 c）走势，美盘前或美盘前后的第一次反弹就是“诱多”，反弹的高点主要以欧盘起跌点为分界位置，若是弱势行情则一般以十字 K 线或小阳线代替横盘后继续下跌破底，美盘的反弹是投资者做空的绝佳机会，而并非反转行情。

对于图 6-8 中的这种走势，当亚欧盘以下跌为主、美盘出现反弹时，投资者可把握此机会，进行做空。

为了能够更好地理解，这里进行实战分析，如图 6-9 所示。

• 图 6-9　2017 年 4 月 25 日黄金（GOLD）30 分钟 K 线

实战分析：如图 6-9 所示，2017 年 4 月 25 日，黄金价格走势早间开盘之后开始下跌，随后，整个亚盘走势都以下跌为主，欧盘时段出现了反弹确认，即走势上涨至 1271.5 美元 / 盎司，并以 1271.5 美元 / 盎司位置为压力点位，持续不断地慢跌向下，一直持续到美盘前出现一波反弹向上的行情。

美盘前的反弹依托欧盘 1265.5 美元 / 盎司的点位，快速反弹至 1269 美元 / 盎司至 1270 美元 / 盎司的区域，但并没有突破欧盘起跌点 1271 美元 / 盎司的位置。这次的反弹形成了“诱多”的局面，后续走势很少会出现单独美盘变盘的情况，投资者可以利用此时的反弹，并依靠防守点 1270 美元 / 盎司的位置，布局一次空单。

如图 6-9 所示，走势经过反弹整理最终迎来了加速下跌，并刷新 1261 美元 / 盎司的低点，跌幅近 9 美元。

由此可以看出，投资者一定不要在亚盘和欧盘同时下跌的背景之下，在美盘变盘的时候寻找机会，而是要更好地跟随趋势。

6.5 亚盘上涨欧盘延续，美盘前回撤是“诱空”

想要完成“亚盘上涨欧盘延续，美盘前回撤是‘诱空’”这个口诀，需要以下三个条件。

第一个条件：亚盘时，走势持续不断地上升。

第二个条件：欧盘时，走势延续亚盘上涨，并且有效突破亚盘高点位置持续至美盘前。

第三个条件：走势中途修正主要以单根阴线或十字K线代替。

“亚盘上涨欧盘延续，美盘前回撤是‘诱空’”口诀具体的解析，如图6-10所示。

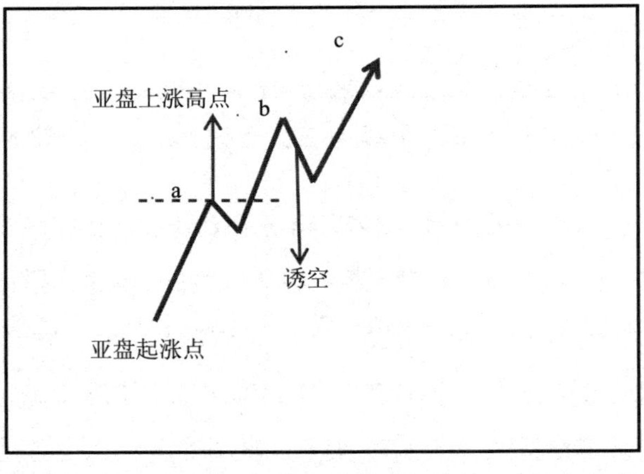

• 图6-10 “亚盘上涨欧盘延续，美盘前回撤是‘诱空’”基本走势

解析：如图6-10所示，亚盘（图中虚线方框a）上涨持续刷新高点，虽然走势有回调的现象，但不影响整体走势。

欧盘（图中虚线方框b）走势持续向上，并无太大的回调，而是延续之前的上升或者加速上涨，并且突破了亚盘上涨形成的高点位置，一直保持高位的强势或横盘未出现过大幅度的深调，即使有调整但也不能失守亚盘的起涨点。

美盘（图中虚线方框 c）前的回撤是为了更好地蓄势上涨，而并非变盘，也就是说美盘回撤是“诱空”，要及时地调整手里的空头头寸借机建仓多单；随后美盘还有一次拉升破高的走势，持续反弹的回撤是引诱空头，走势继续上涨才是主要目的。

为了能够更好地理解，这里进行实战分析，如图 6-11 所示。

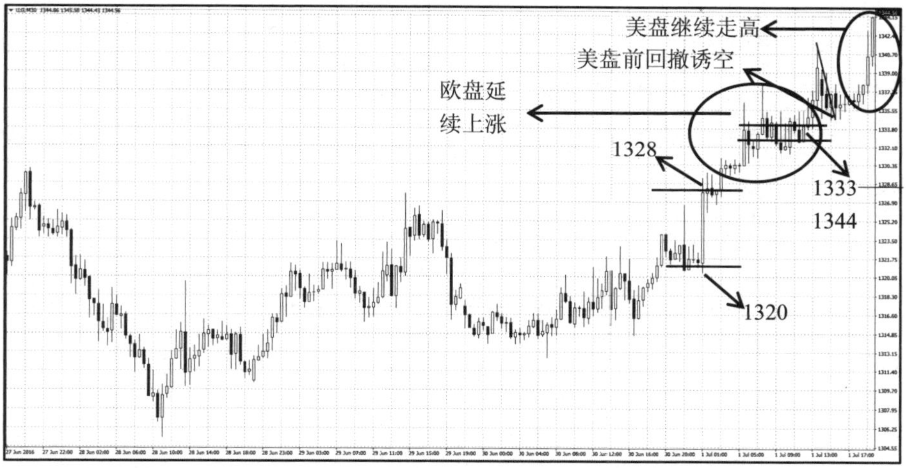

• 图 6-11　2016 年 7 月 1 日黄金 (GOLD)30 分钟 K 线

实战分析：如图 6-11 所示，2016 年 7 月 1 日，早间黄金价格走势在 1320 美元 / 盎司开盘之后，以一根大阳线拉升，突破了 1328 美元 / 盎司高点的位置，并且整个欧盘走势一直保持持续上涨，没有出现太大的回撤。走势的每一次反弹都突破了前面走势的高点，而每一次的走势回撤却守在了起涨点的位置。

随后，走势以缓慢上涨持续到了美盘前，并在美盘走势之前出现快速的回撤，这种回撤并不意味着走势的变盘见顶，而是为后面的走势拉升做准备，这种回撤俗称“诱空”。

晚上的时候，走势再次以 1333 美元 / 盎司以及 1334 美元 / 盎司为支撑点刷新高点创下 1344 美元 / 盎司的新高，上涨的幅度达到 10 美元 / 盎司。

面对亚盘上涨、欧盘延续、美盘前回撤的情况，投资者可以参与操作多单，因为美盘回落后会再次上涨，并刷新高点。

6.6 前日弱势底部收，次日早盘还可空

想要完成“前日弱势底部收，次日早盘还可空”这个口诀，需要以下三个条件。

第一个条件：走势前一天下跌，晚上收盘一定不能有强抽。

第二个条件：反弹以靠近凌晨最后一次反抽高点为宜。

第三个条件：入场时间以早间 8:00—10:00 为宜，莫要等破完之后反抽做二次反弹空。

“前日弱势底部收，次日早盘还可空”口诀具体的解析，如图 6-12 所示。

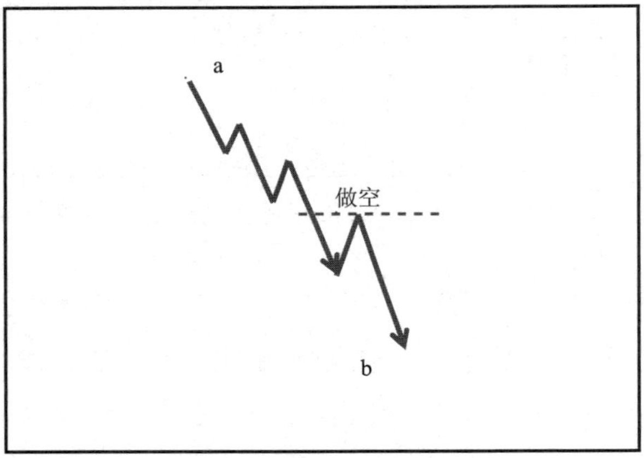

●图 6-12 “前日弱势底部收，次日早盘还可空”基本走势

解析：如图 6-12 所示，走势前一天以极弱的单边下跌（图中虚线方框 a），一直到晚上收盘，也没有较大幅度的反弹，或者以横盘来结束当天的行情。

第二天开盘之后，以前一日凌晨反抽的高点为分界点继续做空，也就是以图 6-12 中虚线方框 b 中的走势小幅度反抽的高点为分界点继续做空，无论当天走势是否会见底，走势延续下跌是大概率。

时间点一般在 8：00—10：00 最佳。投资者需要记住的是，在此时间段不能等走势跌破底部再去追空，而是早间反弹确认凌晨高点就直接开空，也就是在图 6-12 中虚线方框 b 中的走势小幅度反抽的高点开始做空，因为若是破底下跌之后再追单，则很容易演变成“早盘急跌无‘好事’”的局面，10：00 之后走势基本就完成了延续下跌的走势。

为了能够更好地理解，这里进行实战分析，如图 6-13 所示。

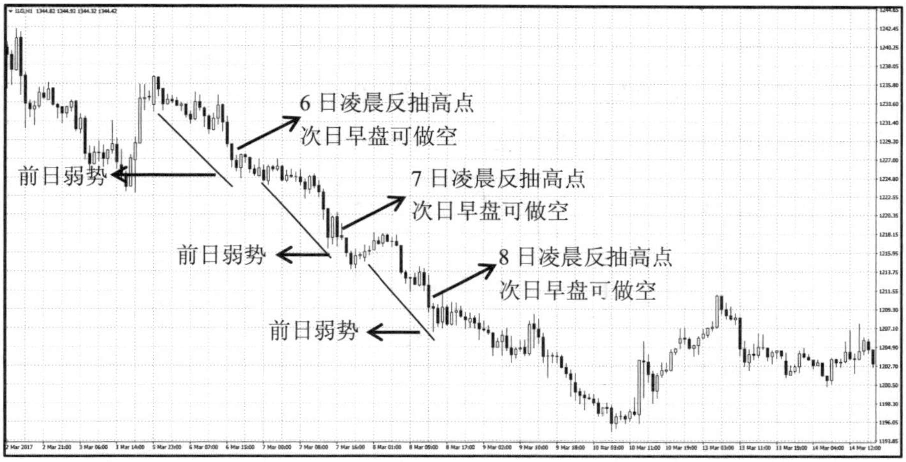

• 图 6-13　2017 年 3 月 6 日至 9 日黄金（GOLD）1 小时 K 线

实战分析：如图 6-13 所示，2017 年 3 月 6 日至 9 日，黄金价格走势以连续的极弱单边下跌行情持续了三天，自高点走势不断向下刷新新低，三天的走势下跌中的亚盘、欧盘及美盘，均未出现过大幅度的反弹，走势中途最多以单根阳线或者十字 K 线回调修正，但力度太弱，走势主要的方向还是以单边下跌为主，直至收盘黄金价格走势表现得非常弱。

如图 6-13 所示，这三天的下跌走势有一个共同点，就是前一日以弱势收盘之后，次日早盘均以凌晨反抽高点位置为压力点或者防守点，延续了之前的弱势，并且继续创下新的低点。

面对这种极弱的走势单边下跌，次日早盘依托凌晨反抽高点的位置，将有一次跟随空的机会，无论当天走势是逆转还是延续跌势，早盘的下跌都是对前一日阴跌行情能量的释放。

6.7 前日强势高位收，凌晨低点是支撑

想要完成“前日强势高位收，凌晨低点是支撑”这个口诀，需要以下两个条件。

第一个条件：前一日走势强势上涨，直至收盘。

第二个条件：走势收盘于前日最后一次上涨前回撤低点的上方。

“前日强势高位收，凌晨低点是支撑”口诀具体的解析，如图 6–14 所示。

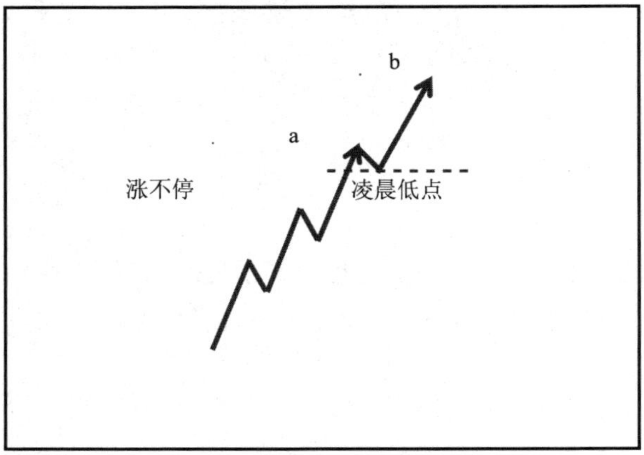

• 图 6–14 “前日强势高位收，凌晨低点是支撑”基本走势

解析：如图 6–14 所示，走势在前一天持续不断地上涨（图中虚线方框 a），尤其是在亚盘、欧盘以及美盘之后不断创下新高，用三个字来形容图中虚线方框 a 的涨势就是“涨不停”或“不停涨”，即使走势上涨期间出现小幅度的回调，但整体走势不断地刷新高点，直至收盘都未出现变盘，强势的上涨带着逼空的节奏。

如图 6–14 所示，虚线方框 a 这样的走势在第二天往往会在亚盘延续上涨，来释放多头未完成的能量，而在操作当中将是依托前一日凌晨时段最后一次刷新高点之前的低点位置作为支撑点或者防守点，也就是虚线方框中的走势 b，回调时的低点作为支撑点位或者防守点位，可于次日早盘介入多单，

博取亚盘时段价格在上升当中的延续性。

为了能够更好地理解，这里进行实战分析，如图 6-15 所示。

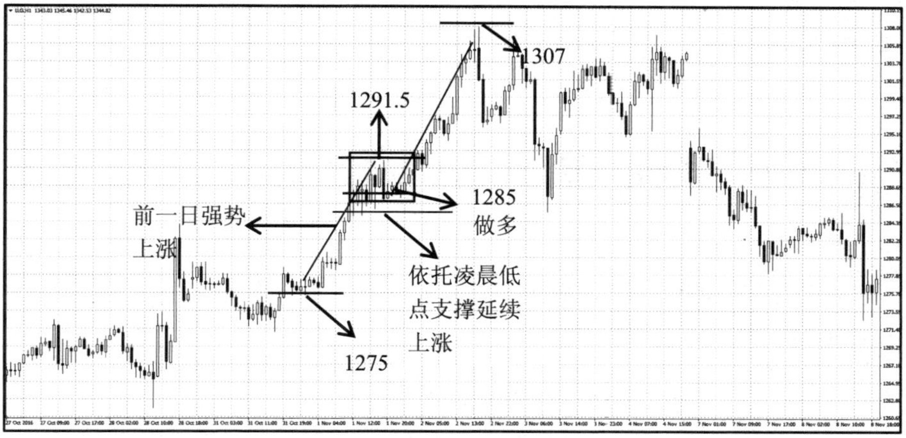

●图 6-15　2016 年 11 月 1 日黄金（GOLD）1 小时 K 线

实战分析：如图 6-15 所示，2016 年 11 月 1 日，黄金价格走势在 1275 美元 / 盎司附近作为低点位置持续上涨，并且在亚盘走势及欧盘走势中持续不断创下新高。

随后的美盘走势虽然涨幅不大，但依旧保持强势，即图 6-15 中黑色方框中的走势，并且走势直至收盘未出现过大幅度的回调。

如图 6-15 所示，全天的黄金价格走势都是以上涨为主，自 1275 美元 / 盎司上升至 1291.5 美元 / 盎司的高点，上升幅度达到 15 美元 / 盎司以上，最终，黄金价格走势以最后一次上升前的低点 1285 美元 / 盎司作为支撑点收盘，全天走势趋于强势。

然而，2016 年 11 月 2 日开盘之后，黄金价格依托前一日凌晨最后一次上升前的低点位置 1285 美元 / 盎司作为多空防守点位，延续了这波强势的走势，自 1285 美元 / 盎司的高点以 1307 美元 / 盎司再一次刷新价格，达到 22 美元 / 盎司的涨幅。

可见，次日的走势上升恰恰是以前日走势强势的收盘和以凌晨走势的低点为支撑。

而走势的上升恰恰是前日行情强势收盘，凌晨低点是支撑，面对这样的走势，投资者需要注意的是，“强势不深调，深调不强势”，也就是图 6–15 所示的黑色方框，前一天走势出现强势收盘，并且高位整理，而次日走势只要没有跌破前一天凌晨的走势低点位置，此种走势的强势就未发生改变，依托凌晨走势在最后一次回撤低点的位置则可做多。

6.8 破位压力莫要慌，回撤确认仍可多

想要完成“破位压力莫要慌，回撤确认仍可多”这个口诀，需要以下三个条件。

第一个条件：走势价格突破下降趋势线。

第二个条件：并且收盘或者远离趋势线上方。

第三个条件：走势回踩确认再次依靠之前趋势线变支撑。

“破位压力莫要慌，回撤确认仍可多”口诀具体的解析，如图 6–16 所示。

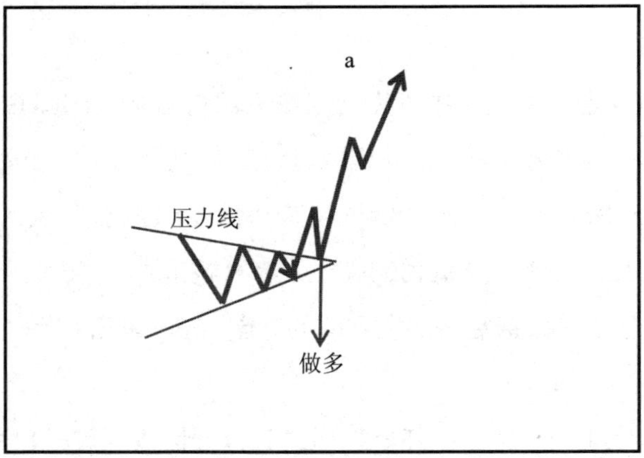

• 图 6–16 “破位压力莫要慌，回撤确认仍可多”基本走势

解析：如图 6–16 所示，出现了一波三角形的震荡行情，在该行情中的走势高点处，形成了一条压力线。随后，整个走势打开一次拐点或者走出了局部震荡，并且出现了走势回踩，回踩至三角形上轨位置或者原有趋势线压力变支撑的位置。这是一个绝佳的入场抄底机会，随后走势继续上涨（图中虚线方框中的 a）。

总体来说，当整个走势打开一次拐点或者走出了局部震荡，后续走势只要给到回踩确认三角形上轨位置或者原有趋势线压力变支撑的位置，尤其是第一次走势回踩测试的时候，便是一个绝佳的入场抄底机会。这种判断的方法常应用在趋势拐点或者短线破位之后做二次上升延续上涨的新起点。

之前走势的屡次测试不突破，后面走势的强势突破之后，一般会做一个回踩确认的动作，而回撤确认的位置是真正要抄的底部。

为了能够更好地理解，这里进行实战分析。

实战分析一：如图 6–17 所示，2015 年 11 月 16 日之后，黄金价格走势一直在 A、B、C 三点下方持续压制，最终探底未创新低，而是强势向上突破 C 点压力区域，走势突破了 A、B、C 三个点位中的高点，即 2016 年 1 月 8 日的新高点 1113 美元 / 盎司。

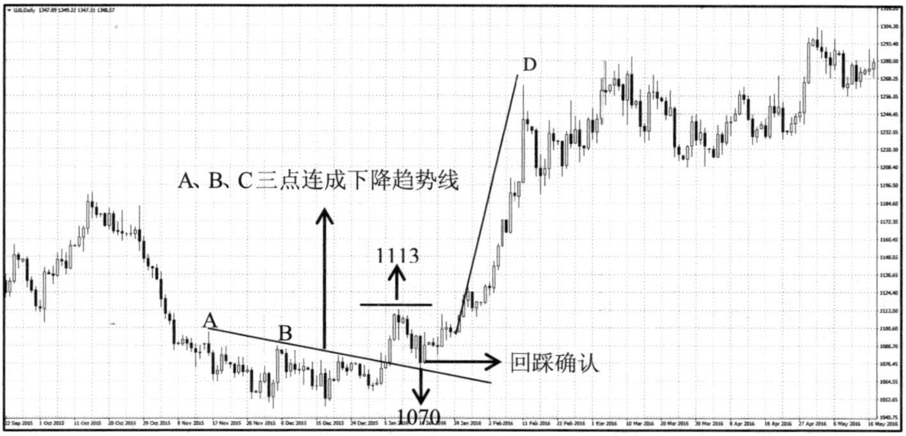

• 图 6–17　2015 年 11 月 16 日—2016 年 1 月 14 日黄金（GOLD）日 K 线

随后，黄金价格走势于 2016 年 1 月 14 日回踩确认，即原来 A、B、C 下降趋势线形成的支撑点 1070 美元 / 盎司，回踩比位置之后迎来了 2016 年年初强势上涨走势，不到一个月的时间，黄金价格走势上涨至新高点 D 点，涨幅近 200 美元 / 盎司。

实战分析二：如图 6–18 所示，2016 年 2 月 11 日—2016 年 2 月 26 日期间，黄金价格走势经过反复的过山车震荡走势之后，形成了一个收敛三角形的震荡行情，自 2016 年 2 月 24 日之后突破了三角形震荡上轨位置，并且刷新 1239 美元 / 盎司上方。

• 图 6-18　2016 年 2 月 11 日—2016 年 2 月 26 日黄金 (GOLD)4 小时 K 线

走势上涨至 1253 美元 / 盎司高点后，于 2016 年 2 月 26 日，黄金价格走势回撤确认之前三角形上轨支撑点以及三角形下轨支撑的交叉点 1212 美元 / 盎司，自此为起点迎来一波上升走势，最终走势创下 1280 美元 / 盎司的高点，此波行情迎来近 70 美元 / 盎司的涨幅。

6.9　破位支撑别着急，反弹确认仍可空

想要完成“破位支撑别着急，反弹确认仍可空”这个口诀，需要以下三个条件。

第一个条件：走势一直运行于趋势线上方。

第二个条件：走势破位之后收于趋势线下方。

第三个条件：走势反弹确认，再次测试之前破位趋势线位置。

“破位支撑别着急，反弹确认仍可空”口诀具体的解析，如图 6-19 所示。

解析：如图 6-19 所示，出现了一波上涨走势（图中虚线方框中的 a），随后走势下跌（图中虚线方框中的 b），下跌之后，走势再次上涨并下跌（图中虚线方框中的 c）。

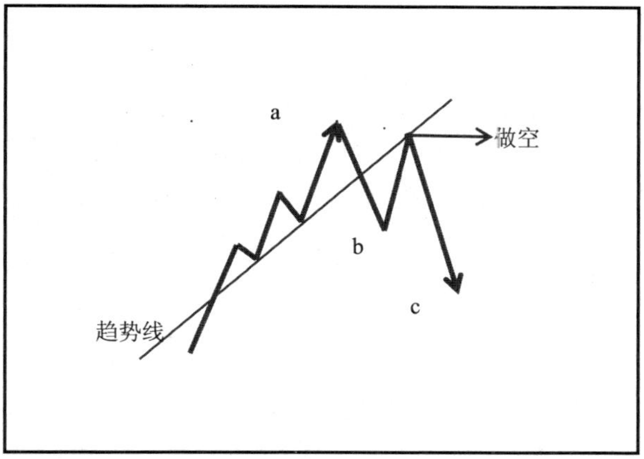

●图 6-19 “破位支撑别着急，反弹确认仍可空”基本走势

这里，可以将图 6-19 所示虚线方框中的走势 a 看成一个整体，即走势一直在趋势线上方运行，当跌破此条趋势线的位置之后，也就是图 6-19 所示的虚线方框中 b 跌破趋势线之后，后续走势的反弹，尤其是第一次触及原有支撑变成压力的位置，即图中虚线方框中 c 走势中反弹的点位，将是一次做空的点位。

这也是拐点行情当中经常用到的手法之一，反弹向上确认的次数越多，代表压力的作用力会越小，当走势触及趋势线之后马上回落，则意味着此趋势线形成的阻力有效，一般应用在上升趋势线破位或者三角形失守之后，走势反弹的确认当中寻找做空的点位。

为了能够更好地理解，这里进行实战分析。

实战分析一：如图 6-20 所示，2016 年 2 月 10 日—2016 年 4 月 12 日期间，黄金价格走势在 A、B、C 三点形成的支撑位置上方一直向上运行，当走势跌破此条趋势线之后，即图中的黑色下跌线段，进行了第一次反弹触碰到趋势线，即图中的 1 点位置。随后，走势继续下跌，并产生了数次小幅度的反弹和回落，直到在图中的 2 点位置时，第二次反弹至趋势线后回落。

●图 6-20　2016 年 2 月 10 日—2016 年 4 月 12 日黄金（GOLD）4 小时 K 线

图 6-20 所示的走势就是口诀“破位支撑别着急，反弹确认仍可空”，而这个口诀中确认的点则是 1、2 前趋势线形成的压力位置，尤其这个压力点第一次触及趋势线或横盘不破的时候，往往会形成阶段性的回落或延续性的下跌走势。

实战分析二：如图 6-21 所示，2016 年 7 月 11 日，走势以 1375 美元 / 盎司为高点，开始了下跌走势。当走势跌破 B/B1 形成的趋势线之后，到达由 A/B 形成的支撑区域 C 点位置，之后在非农业就业数据的影响之下，走势由 1335 美元 / 盎司上涨至 1375 美元 / 盎司的压力区域，这刚好就是 B/B1 这条趋势线破位之后反弹确认的点，而且是第一次的反弹确认。

●图 6-21　2016 年 7 月 11 日黄金（GOLD）4 小时 K 线

走势到达高点之后，再次走弱下跌，直接下跌击穿了 A/B/C 这条趋势线的支撑位置，而当破位之后再一次于 2016 年 7 月 14 日早间反弹确认了 C1 的回踩点位，黄金价格走势从 1347 美元 / 盎司这个点位，再次迎来了深度的下跌。

如图 6–21 所示，这一波走势当中一共出现了两次破位趋势线反弹确认再延续的走势，即 B2 点位和 C1 点位。

图 6–21 所示的这种走法在画趋势线判断当中常频繁应用，而且实用性非常强，投资者可熟练掌握和运用。

6.10 慢涨行情必加速，莫猜顶待发力

想要完成“慢涨行情必加速，莫猜顶待发力”这个口诀，需要以下三个条件。

第一个条件：走势持续依托 5 日、10 日均线为支撑上升。

第二个条件：走势上涨幅度不大，却屡次创新高。

第三个条件：走势强势加速，出现偏离均线的现象。

“慢涨行情必加速，莫猜顶待发力”口诀具体的解析，如图 6–22 所示。

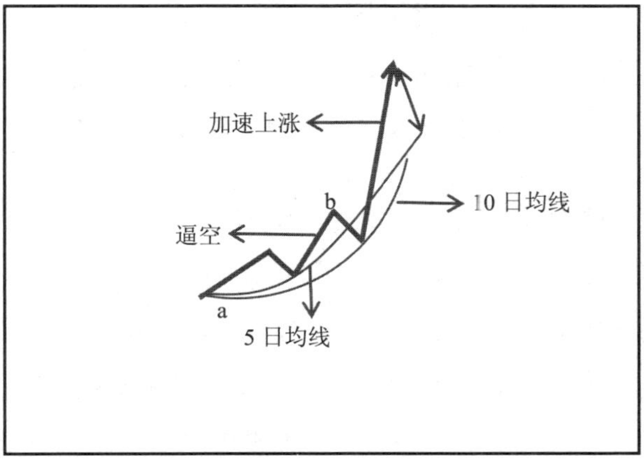

• 图 6–22 “慢涨行情必加速，莫猜顶待发力”基本走势

解析：如图 6–22 所示，走势缓慢上升，上升中途出现小阴线的回调下

探（图 6-22 中虚线方框中的 a），但虚线方框中 a 中的回调下探是一个小幅度的走势，不足以影响整体走势。

随后，小幅下探立刻结束，低点不断地在上移，而高点被突破（图 6-22 中虚线方框中的 b），但突破之后的价格并没有大幅拉升，而是依托 5 日均线为支撑点，10 日均线为防守点，即 5 日均线向上击穿走势，起到支撑的作用，而 10 日均线沿着走势在下方运行，起到防守的作用。这种上涨被称为“逼空”。看似走势不强，但走势涨势不断；看似走势走弱，但走势会马上反弹。

这种慢涨行情的运行一般是以诱空为主，走势见顶常见的就是偏离均线位置较远，才会出现深度回调或者阶段性见顶，而依附在均线的上升一定会加速拉升。

为了能够更好地理解，这里进行实战分析，如图 6-23 所示。

• 图 6-23　2016 年年初黄金（GOLD）日 K 线

实战分析：如图 6-23 所示，2016 年年初，走势以一轮近 200 美元 / 盎司的强势上涨，具有历史性的意义，美联储加息实施之前，走势持续下跌，即图中下跌的黑色线段，并且刷新低点靠近 1000 美元 / 盎司附近。

当美联储加息的消息落地之后，走势反而没有延续下跌，而是下探至 1046 美元 / 盎司的低点之后，形成一波反转的走势，尤其当走势在 1070 美元 / 盎司下探之后（本章第 8 节：破位压力莫要慌、回撤确认仍可多），即图中的黑色方框，走势以 5 日均线、10 日均线为支撑点慢涨向上，之后当均线呈现多头排列的时候，走势出现了一轮加速的上升，一直至价格远线均位置才出现阶段性的顶问，这种行情也同时出现在小时 K 线图、4 小时 K 线图等小级别的走势当中。

6.11 慢跌行情有瀑布，莫抄底待释放

想要完成“慢跌行情有瀑布，莫抄底待释放”这个口诀，需要以下三个条件。

第一个条件：黄金价格走势持续依托 5 日均线下跌。

第二个条件：走势跌幅不大，持续连续阴线的慢跌为主。

第三个条件：只要走势没有加速，就不要着急抄底。

“慢跌行情有瀑布，莫抄底待释放”口诀具体的解析，如图 6-24 所示。

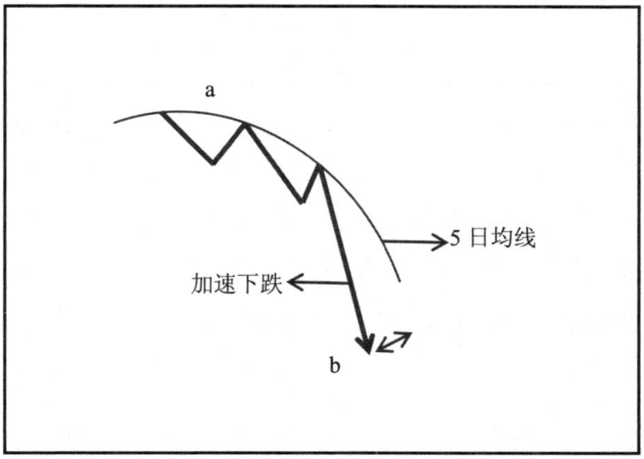

• 图 6-24　“慢跌行情有瀑布，莫抄底待释放”基本走势

解析：如图 6-24 所示，走势缓慢下跌后上涨，上涨后再次下跌（图中虚线方框 a），随后，走势出现小幅度的反弹，但走势以快速下跌收尾；而 5 日均线一直沿着走势，并在走势的上方运行。

如图 6-24 所示，走势是以慢跌为主，下跌速度不快，但持续性较强，尤其在日 K 线图或小时级别 K 线图中，价格依托 5 日均线为压力点，一路慢跌向下不断刷新低点，下跌速度不快，途中出现了几次反弹。

然而，因为走势下跌的持续性非常强，对于这样的行情，往往会出现后续走势继续加速下跌的情况。

可以说，慢跌不代表不跌，只有加速下跌，才能让做空的投资者和抄底的投资者不敢继续操作，往往在这个时候阶段性的空头才能告一段落，贴着均线的下跌加速是为了价格偏离均线，以便寻求有力的支撑点。

为了能够更好地理解，这里进行实战分析，如图 6-25 所示。

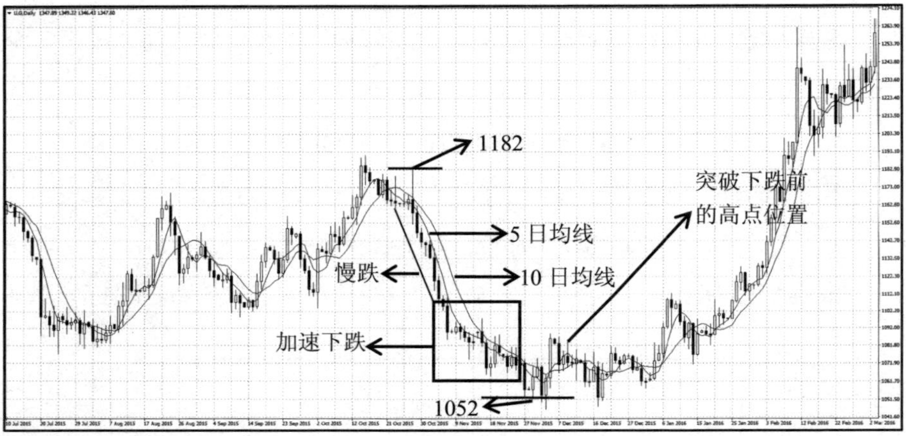

• 图 6-25　2015 年 10 月 28 日黄金（GOLD）日 K 线

实战分析：如图 6-25 所示，2015 年 10 月 28 日之后，由于美联储加息事件的预期性效应，导致走势自 10 月 28 日起下跌，迎来了整整一个月的下跌，日 K 线级别的走势从 1182 美元 / 盎司跌到了 1052 美元 / 盎司的低点，跌幅也是相对比较大的一次，刚开始走势的下跌是依托 5 日均线为压力点、10 日均线为防守不断地慢跌向下，跌幅不大但持续性非常强。

不过，之后的走势在慢跌的背景之下，如瀑布般的加速下跌，即图中黑色方框内，并不断地偏离均线。随后，走势反弹修正的幅度始终在 10 日均线的下方，即使有刺穿收盘也都是以 10 日均线下方为首。

对于这样的走势，当走势处于均线下方，投资者最好不要有进行抄底的举动，因为慢跌的走势必然有一个加速下跌的过程，只有当走势突破最后一次下跌前的高点位置，并且收盘于此位置上方，此次下跌才能告一段落，只要黄金走势没有收于 10 日均线的上方，就不改变跟随做空的思路。

6.12 亚大欧小大包小，破小跟随反向倍

想要完成“亚大欧小大包小，破小跟随反向倍”这个口诀，需要以下四个条件。

第一个条件：亚盘无论涨跌，波动范围在 6 美元 / 盎司至 8 美元 / 盎司以内。

第二个条件：欧盘整个价格持续在亚盘波动的范围内运行。

第三个条件：美盘前以“欧盘”波动为箱体破位跟随，利润以欧盘波动为箱体的镜像（镜像就是指欧盘波动 5 美元 / 盎司，美盘波动跟欧盘一样，最少也是波动 5 美元 / 盎司）。

第四个条件：同时，挂反向破欧盘箱体倍数单量，以防价格虚破，前一次破位成功则反向倍单放弃，反之亦然。

“亚大欧小大包小，破小跟随反向倍”口诀具体的解析，如图 6-26 所示。

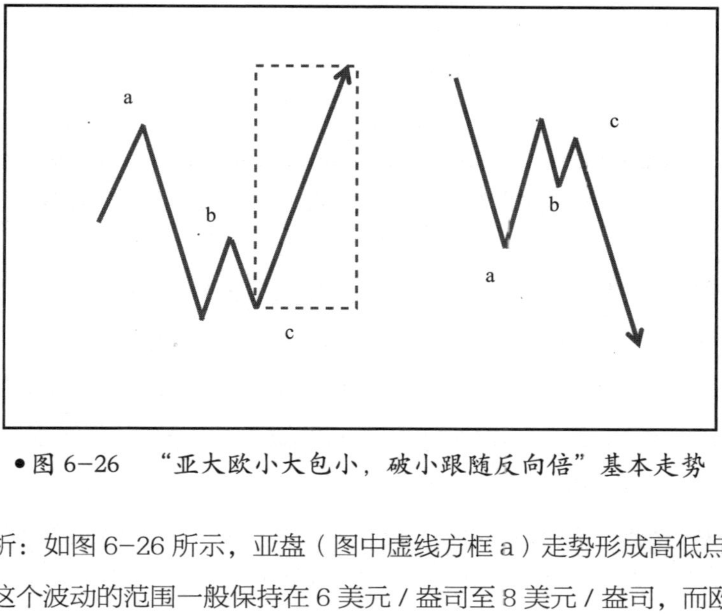

• 图 6-26　“亚大欧小大包小，破小跟随反向倍”基本走势

解析：如图 6-26 所示，亚盘（图中虚线方框 a）走势形成高低点波动的箱体，这个波动的范围一般保持在 6 美元 / 盎司至 8 美元 / 盎司，而欧盘（图

中虚线方框 b) 价格又一直以亚盘箱体为界线，在箱体之内保持一个震荡的走势，这个波动范围始终未能走出亚盘波动的区间，一直持续到美盘开盘。

同时，到了美盘（图中虚线方框 c）时段，由于亚盘波动的范围大于欧盘波动的箱体，形成了亚盘包住欧盘走势的一个箱体。此时，美盘价格无论突破欧盘箱体的任何方向，投资者需要记住的是，这都是欧盘价格波动的高低点，而并非亚盘。此时，便可跟随价格突破的一方做突破性跟单。一般情况下，突破后的空间是欧盘波动的 1 倍，也就是欧盘箱体的镜像。

另外，在一些行情当中，也会出现虚破，并未达到欧盘的镜像或波动箱体的 1 倍，此时，可以在反方向挂倍数的单子来，以防价格虚假，而单方向的突破性跟单成立，达到预期性止盈，而之前的反方向挂单取消。这种走势往往发生在亚欧盘震荡、美盘寻求方面的走势当中，出现的频率相对比较高。

为了能够更好地理解，这里进行实战分析，如图 6-27 所示。

●图 6-27　2018 年 3 月 26 日黄金（GOLD）1 小时 K 线

实战分析：2018 年 3 月 26 日，亚盘波动最低点是在 1343 美元 / 盎司，而早间最高点的位置是在 1350 美元 / 盎司，亚盘波动的幅度为 7 美元 / 盎司，而欧盘开盘之后，价格一直在 1344 美元 / 盎司至 1349 美元 / 盎司仅有的 5 美元 / 盎司之内运行，一直没有突破亚盘形成的 7 美元 / 盎司箱体，持续到美盘开盘。

美盘开盘之后，针对亚盘包住欧盘的走势，当价格向上突破 1349 美元 /

盎司欧盘高点的位置之后，投资者可以直接跟单入场，在 1344 美元 / 盎司的反方向挂倍数的单子（比如向上跟单 0.1 手，那么反方向则挂 0.2 手）。当投资者在 1349 美元 / 盎司的位置入场后，目标则为欧盘波动 5 美元 / 盎司箱体的镜像，也就同样是 5 美元 / 盎司，如图 6-27 所示，黄金价格最终于美盘的 1349 美元 / 盎司上升到 1355.6 美元 / 盎司的高点位置，刚好完成了此次镜像。此时，投资者应该在某一个方向的单子止盈或达到预期目标的时候，将反方向的倍数挂单取消。

第 7 章

投资真谛：现货黄金实战口诀与策略（二）

在第 6 章中介绍过，现货黄金实战口诀与策略是本书的重点内容，但因其内容复杂，在本书中将其分为两章介绍。第 6 章中介绍了现货黄金实战口诀与策略第 1—12 节，本章介绍现货黄金实战口诀与策略第 13—25 节。

与第 6 章的介绍方法相同，本章中的黄金实战口诀中，有些是做空的实战口诀，比如 7.1 节中的“5 日、10 日均线勾头向下，反弹是‘诱多’见高就空”，就是一个做空的实战口诀。有些是做多的实战口诀，比如 7.2 节中的“5 日、10 日均线勾头向上，回撤是‘诱空’见低就多”，就是一个做多的实战口诀。

综合来说，每两节实战口诀之间，多数是呈相反的关系，比如 7.3 节“上升不破 10 均线，5 入 10 守继续多”与 7.4 节“下跌不破 10 均线，5 入 10 守继续空”，7.5 节“指价背离相反走，回归均线方可空”与 7.6 节“指价背离不破底，收根吞阳便可多”，等等。

本章整体是以时间和影响黄金价格走势的事件为基础，是一些循序渐进的判断方法。

同样，在我的微信公众号“李生论金”中，有相关黄金实战口诀的视频，投资者可结合视频进行学习。

本章导读：

- 5 日、10 日均线勾头向下，反弹是“诱多”见高就空
- 5 日、10 日均线勾头向上，回撤是“诱空”见低就多
- 上升不破 10 日均线，5 入 10 守继续多
- 下跌不破 10 日均线，5 入 10 守继续空
- 指价背离相反走，回归均线方可空
- 指价背离不破底，收根吞阳便可多
- 二次反弹不破顶，回落失底已见顶
- 二次回撤不破底，反弹破高将延续
- 下跌十字单阳是陷阱，谨防空头仍继续
- 上升十字单阴是蓄势，小心多头逼空涨
- 冲高回底非好事，倒 V 难守仍要跌
- 单阴难转势，不改方向莫惊慌
- 单阳难转势，不改方向莫惊慌

7.1 5日、10日均线勾头向下，反弹是“诱多”见高就空

想要完成“5日、10日均线勾头向下，反弹是‘诱多’见高就空”这个口诀，需要以下四个条件。

第一个条件：5日、10均线勾头向下。

第二个条件：走势处于两条均线的下方。

第三个条件：走势反弹不过前期高点位置。

第四个条件：走势冲高回撤之后，收在均线下方。

“5日、10日均线勾头向下，反弹是‘诱多’见高就空”口诀具体的解析，如图7-1所示。

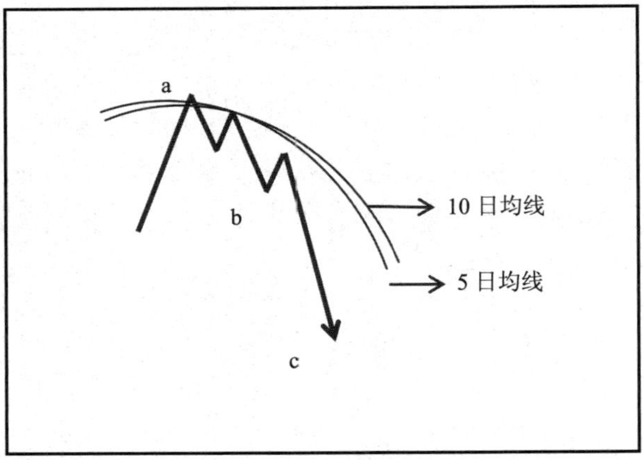

•图7-1 “5日、10日均线勾头向下，反弹是‘诱多’见高就空”基本走势

解析：如图7-1所示，走势上涨后，出现了小幅度的下跌（图7-1中的虚线方框a）。随后价格再次反弹和下跌（图7-1中的虚线方框b）。最后，走势再次反弹和快速地下跌（图7-1中的虚线方框c）。

其中，在虚线方框a的时候，5日均线直穿走势向下运行，并且沿着虚

线方框 b 中高点向下运行，慢慢远离走势。

10 日均线同样在虚线方框 a 的时候，直穿走势向下运行，也沿着虚线方框 b 中高点向下运行，慢慢远离走势，处于 5 日均线的外侧。

如图 7–1 所示，走势持续性的上涨或者阶段性的遇阻，可以用 5 日均线、10 日均线作为依据，来界定或划分是否出现真实有效的回落，即当走势处于均线下方的时候，二次反弹看似强势但并没有再创新高，收盘于均线下方，那么，短线价格就具备回落的条件，反弹是以前高点上方作为防守点，以大阴线顶点或临近顶点位置作为入场位，而这种反弹能否形成二次上升，主要由走势价格反抽之后的收盘价格来决定。

当然，5 日、10 日均线可以出现在小时 K 线图、日 K 线图、周 K 线图等各个级别，但出现的时段不一样，构成的力度或回调的幅度也有所不同。

为了能够更好地理解，这里进行实战分析，如图 7–2 所示。

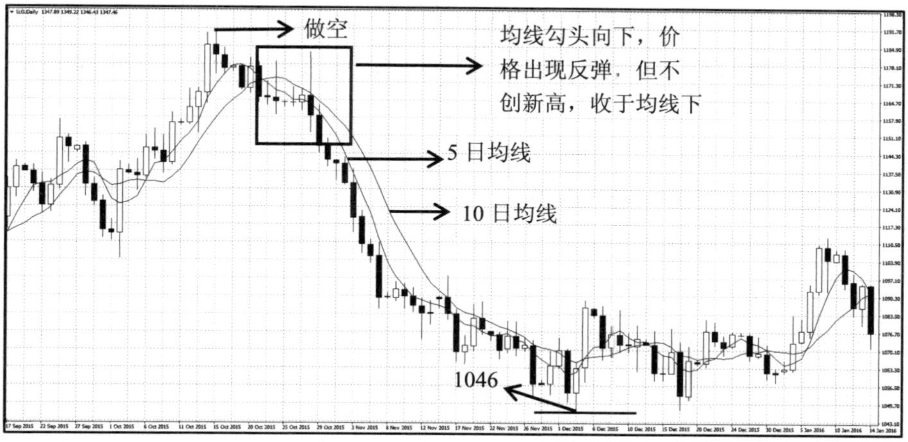

● 图 7–2　2015 年 10 月 15 日黄金（GOLD）日 K 线

实战分析：如图 7–2 所示，黄金价格走势以 2015 年 10 月 15 日为高点，进行了一轮深度的下跌，并刷新了 1046 美元 / 盎司的低点。当 5 日、10 日均线勾头向下的时候，其中在 2015 年 10 月 23 日、2015 年 10 月 28 日出现了连续两次的反弹诱多走势（图中黑色方框内），改变了均线与黄金价格走势的方向。均线勾头向下，黄金价格走势向上，黄金价格走势虽然看似强势的上升，但最终两次的收盘价格都收在了均线的下方。

图 7-2 中黑色方框内的走势是一种非常典型的见顶形态，这样的反弹见高就空，而止损的防守点往往是在前期高点的上方，也就是在 2015 年 10 月 15 日黄金价格走势高点的上方。黄金价格走势冲高不怕，只要走势收盘在均线的下方或者反弹收阳之后下一根 K 线收在均线下方，阶段性的顶部就成立。

综上，图 7-2 所示的这种走势经常性地应用在日内短线多空切换以及大级别走势顶部拐点的行情当中，但投资者需要注意的是，不能以黄金价格走势较远偏离均线再反弹进行判断，因为这会导致黄金价格走势再次黏合发散，推动新的上升行情，但只要黄金价格走势没有破高点，就是一次尝试性做空的机会，若黄金价格走势反弹突破前期高点的位置，则可止损离场。一旦这样的走势成立，那么关注的时间周期的不同，决定了黄金价格走势回撤带来的利润空间的不同。

7.2　5 日、10 日均线勾头向上，回撤是“诱空”见低就多

想要完成“5 日、10 日均线勾头向上，回撤是‘诱空’见低就多”这个口诀，需要以下四个条件。

第一个条件：5 日、10 日均线同时勾头向上。

第二个条件：走势处于两条均线的上方。

第三个条件：走势回落不破前期起涨点。

第四个条件：走势探底回升之后，收在均线上方。

“5 日、10 日均线勾头向上，回撤是‘诱空’见低就多”口诀具体的解析，如图 7-3 所示。

解析：如图 7-3 所示，走势经过下跌后（图 7-3 中的虚线方框 a），进行了小幅度的上涨和下跌（图 7-3 中的虚线方框 b）。随后价格再次上涨和小幅度地下跌（图 7-3 中的虚线方框 c）。最后，价格强势地上涨（图 7-3 中的虚线方框 d）。

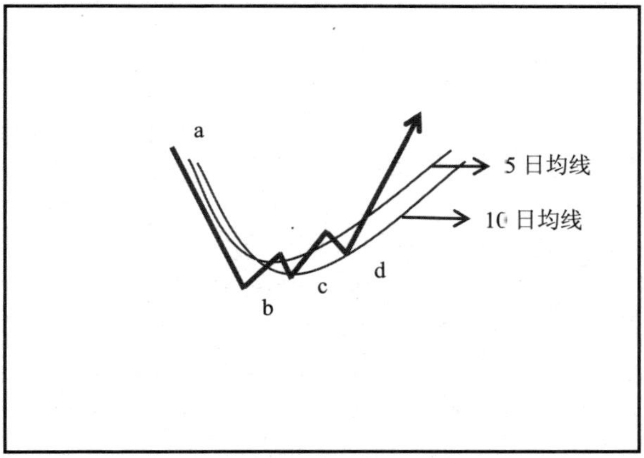

• 图 7-3　“5 日、10 日均线勾头向上，回撤是‘诱空’见低就多”基本走势

其中，在虚线方框 a 的时候，5 日均线在走势的上方运行，当价格出现小幅度上涨时，即图中虚线方框 b 中，走势上涨时，均线上穿走势。

在虚线方框 a 的时候，10 日均线在 5 日均线的上方运行，当价格出现小幅度上涨时，同样在虚线方框 b 中，走势上涨时，均线上穿走势，随后均线紧贴走势回调的低点运行。

如图 7-3 所示，当出现一波下跌的行情时出现反弹，即虚线方框 b 中的走势反弹，并且反弹至 5 日、10 日均线的上方，之后出现回落确认，而这个回落确认往往看似很弱，但快速的探试之后就马上反抽，并不会在回落期间停留太长的时间，因为这种回落往往是价格下跌结束反弹或者反转之前的“诱空”，随后价格继续上涨，虽然出现了走势回落，但回落力度弱小，走势继续上涨。

对日内短线投资者来说，均线的应用频率非常高，一波下跌的行情中，界定走势底部或者阶段性的反弹出现时，就可以用均线指标进行判断。

5 日、10 日均线在不同级别都会有相应的信号出现，无论是周 K 线图、日 K 线图还是小时级别 K 线图，不同走势的幅度和冲击力也有所强弱。

为了能够更好地理解，这里进行实战分析，如图 7-4 所示。

实战分析：如图 7-4 所示，2017 年 1 月 27 日黄金价格走势以 1180 美元 / 盎司为低点进行了一轮反弹，第一次的反弹高点在 1215 美元 / 盎司，上升的幅度达到 35 美元 / 盎司。

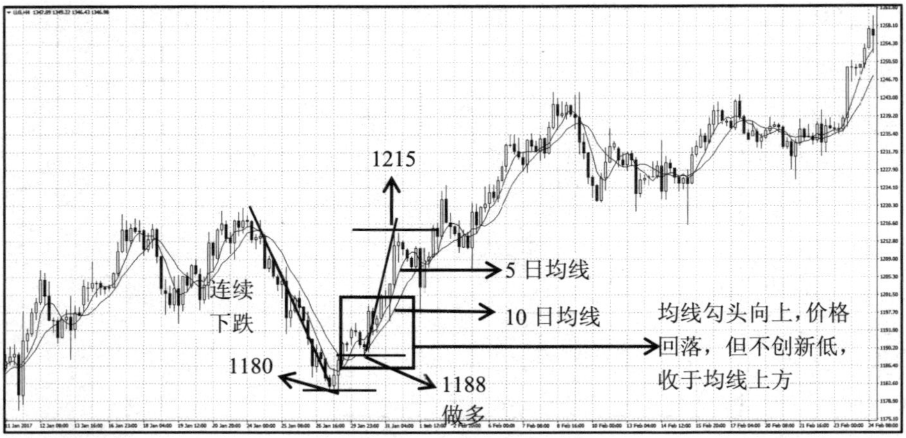

●图 7-4　2017 年 1 月 27 日黄金（GOLD）4 小时 K 线

若是进行详细分析，则可以看出，黄金价格走势在下跌至 1180 美元 / 盎司之前，是一波连续性的下跌。这波下跌之后，黄金价格走势探底回升破位 10 日均线压力之后，有一次连续两根 K 线的回落，即图 7-4 中黑色方框内，但走势的这次回落并没有失守之前 1180 美元 / 盎司的低点位置，而是试探了 10 日均线支撑点位 1188 美元 / 盎司的低点。

之后走势进行快速的反抽，并且收盘于 10 日均线上方，随后黄金价格走势出现持续不断的反弹，并一直以 5 日、10 日均线作为防守点位反弹上涨，最终迎来了近 35 美元 / 盎司的反弹行情。

这种行情是比较常见的见底或者阶段性进入反弹反转信号的行情，5 日、10 日均线勾头向上，回撤不破底是“诱空”，后市将进入一波持续性的反弹。在这里，依旧要强调一点，投资者关注的时间周期不一样，带来的幅度和利润空间也不一样。

对于这种走势，投资者需要关注黄金价格走势收盘以及突破的情况。所谓的有效突破，是黄金价格走势收盘于均线的上方，即图 7-4 中黑色方框内的走势收盘于均线的上方，后面的回踩确认将成为一次不错的做多点位，即黄金价格走势回踩至 1188 美元 / 盎司的点位时，是一次做多的机会。

本节“5 日、10 日均线勾头向上，回撤是‘诱空’见低就多”口诀的应用与 7.2 节“5 日、10 日均线勾头向下，反弹是‘诱多’见高就空”正好相反，“5 日、10 日均线勾头向下，反弹是‘诱多’见高就空”是应用在上升走势中来判断拐点，而本节“5 日、10 日均线勾头向上，回撤是‘诱空’见低就多”口诀则是应用在下跌走势中来判断反弹信号。

7.3　上升不破 10 日均线，5 入 10 守继续多

想要完成“上升不破 10 日均线，5 入 10 守继续多”这个口诀，需要以下四个条件。

第一个条件：走势始终保持在 5 日、10 日均线上方。

第二个条件：走势每一次回落靠近均线的位置时，便速度反抽。

第三个条件：单根阴线或十字 K 线处于均线上方修正。

第四个条件：10 日均线位置始终不失守。

“上升不破 10 日均线，5 入 10 守继续多”口诀具体的解析，如图 7–5 所示。

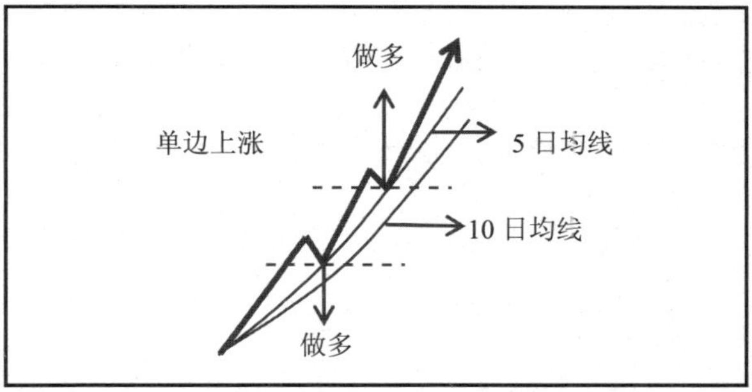

• 图 7–5　“上升不破 10 日均线，5 入 10 守继续多”基本走势

解析：“上升不破 10 日均线，5 入 10 守继续多”这种走法往往出现在单边的上升行情当中，也就是俗称的“单边强势上涨”，但“强势不深调、深调不强势”，即单边上升行情表现得越强，“上升不破 10 日均线，5 入 10 守继续多”的走势就表现得越明显。

如图 7–5 所示，为一波单边上升的走势，图中有两次回撤的走势，但回撤力度太弱，难以抵挡走势的继续上升。同时，5 日均线紧沿着上升走势运行，处于走势的下方，而 10 日均线也沿着上升走势运行，但不与走势相贴，

处于走势的下方。

在如图 7-5 的走势中，有些投资者往往认为出现的两处回撤现象会阻碍走势的上升，总认为价格太强，应该调整再入场，可是，走势往往不会出现过大幅度的调整，最多是以单根阴线或者十字 K 线回撤或者横盘修正的方式表现。

可以确认的是，当遇到极强的单边上涨走势时，价格往往不会出现过大幅度的回撤，每一次的回撤修正基本都是以单根阴线或者十字 K 线回撤或者横盘修正的方式代替，而走势却始终在 5 日、10 日均线的上方运行，即使中途出现了较大幅度的回撤也不会突破均线，之后是连续性的上升。

如图 7-5 所示，走势每一次靠近 5 日均线，则是入场做多的绝佳机会，因为只要走势没有收盘突破 10 日均线，则依旧存在上升强势，5 日均线进攻，而 10 日均线防守的状态没有改变，最好不要轻易地改变操作的思路及策略，因为价格永远朝着阻力比较小的方向运行。

需要注意的是观察黄金价格走势时间周期的不同，行情带来的力度和幅度同样也会不同。

为了能够更好地理解，这里进行实战分析，如图 7-6 所示。

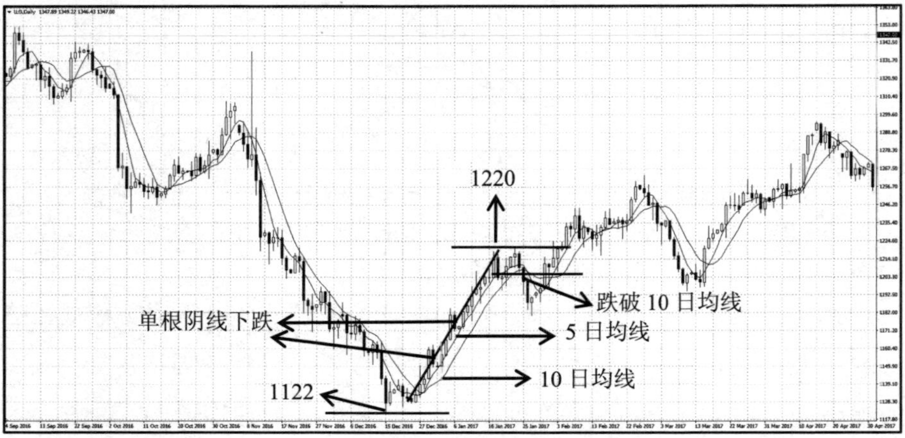

• 图 7-6　2016 年 12 月 15 日黄金（GOLD）日 K 线

实战分析：如图 7-6 所示，2016 年 12 月 15 日，美联储加息的时候，黄金价格以 1122 美元 / 盎司为低点，迎来了一波上涨行情，即图中的黑色上涨线段，价格强势的上涨形成了连续阳线的上升走势，上升途中黄金价格走势始终以 5 日均线作为支撑点。

这次上涨中出现了两次单根阴线的下跌，使得价格走势偏离 5 日均线之后回调修正，随后持续性的连续阳线不断创下新高，一直上涨到 1220 美元 / 盎司点位，上涨幅度达到近 100 美元 / 盎司。

正如图 7–6 所示，只要上升价格走势的回撤不跌破 5 日均线，那么 5 日均线之外的 10 日均线永远是防守的点位，直至价格走势跌破 10 日均线，此种强势上升的行情就会阶段性结束。

7.4　下跌不破 10 日均线，5 入 10 守继续空

想要完成“下跌不破 10 日均线，5 入 10 守继续空”这个口诀，需要以下四个条件。

第一个条件：价格始终在 5 日、10 日均线下方。

第二个条件：走势的每一次反弹都靠近均线，并且迅速回落。

第三个条件：单根阳线或者十字 K 线处于均线下方修正。

第四个条件: 10 日均线反弹始终不破位。

“下跌不破 10 日均线，5 入 10 守继续空”口诀具体的解析，如图 7–7 所示。

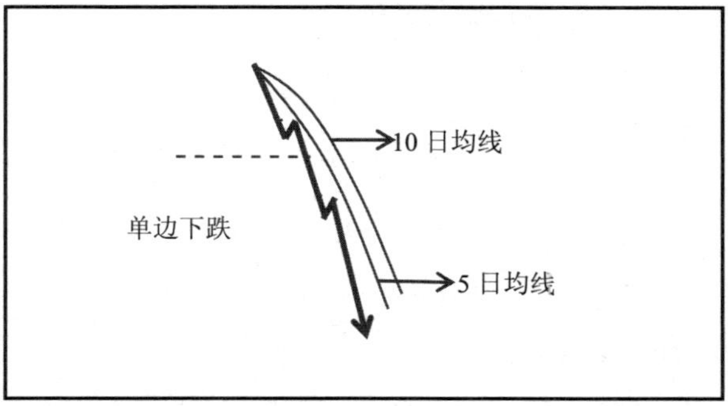

• 图 7–7　“下跌不破 10 日均线，5 入 10 守继续空”基本走势

解析："下跌不破 10 日均线，5 入 10 守继续空"这个口诀出现在单边极弱的下跌行情中。

如图 7-7 所示，为一波单边下跌的走势，图中有两次回调的走势，但回调力度太弱，难以抵挡走势的继续下跌。同时，5 日均线紧沿着下跌走势运行，处于走势的上方，而 10 日均线也沿着下跌走势运行，但不与走势相贴，处于走势的上方。

这里进行详细讲解，在图 7-6 中的这波单边极弱的下跌走势中，连续阴线下跌的走势，往往不给投资者反弹做空的机会，价格走势以 10 日均线为标准，图中的两次反弹回调不突破 10 日均线，并以 10 日均线作为分水岭。

图 7-6 中的行情，是 7.3 节"上升不破 10 日均线，5 入 10 守继续多"走势的反方向，也就是单边上涨的对立面。

投资者需要记住，只要价格在弱势的下跌当中出现反弹，并且反弹的力度不突破 10 日均线，那么，不要改变看空的思路，因为单根阳线或者十字 K 线不具备反转的信号和力度，只是下跌当中的回调修正而已。

投资者还要记住"阴跌无底"的原则，需要守住自己的防守点来判断行情弱势的结束与否，而不是单靠底部支撑来判断跌势是否结束。

为了能够更好地理解，这里进行实战分析，如图 7-8 所示。

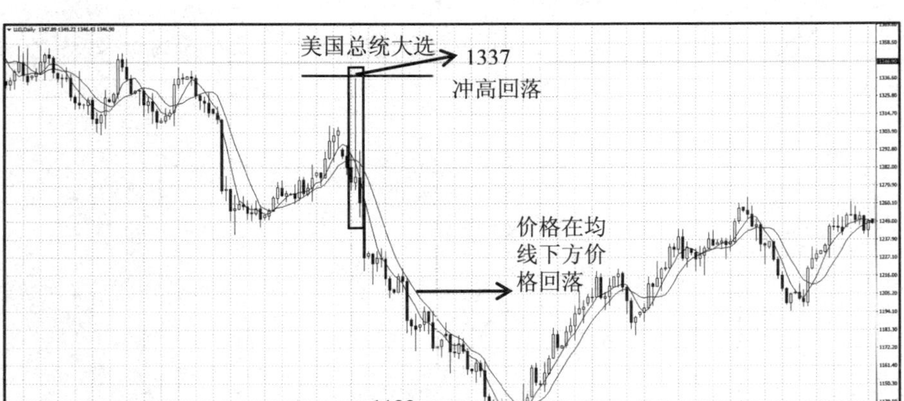

• 图 7-8　2016 年 11 月 9 日黄金（GOLD）日 K 线

实战分析：如图 7-8 所示，2016 年 11 月 9 日，美国总统大选，也就是特朗普与希拉里竞选的时候，黄金价格走势迎来了冲高回落的行情，如图中黑色方框所示。

随后，黄金价格走势出现了持续性的下跌行情，自高点 1337 美元 / 盎司下跌至最低点 1122 美元 / 盎司，幅度为 215 美元 / 盎司，而这一轮的下跌却用了不足一个半月的时间。

如图 7–8 所示，价格走势大幅度下跌的途中均是以横盘修正，但价格始终守在 5 日、10 日均线的下方运行，同时，下跌途中的数次反弹都不突破 10 日均线，而是以 5 日均线为入场点，以 10 日均线为防守点为主。

只要下跌的走势没有突破过 10 日均线，则下跌行情就没有变，而每一次价格走势靠近 5 日均线的位置，便是绝佳做空的点位，观察图 7–8，经历过反弹之后，黄金价格走势大的方向则是以连阴下跌为主，因为反弹测试后价格走势迅速地回落，并且低点不断被击穿，直至最后一次抵达 1122 美元 / 盎司之后，反弹突破 10 日均线，此轮下跌行情就宣告结束。

在这里，投资者可以忽略下跌中途出现的横盘或者反弹修正，仔细观察 10 日均线的位置有没有被下跌的反弹突破即可，尽量把握整体的走势，直到反弹突破 10 日均线，结束下跌的行情。

7.5　指价背离相反走，回归均线方可空

想要完成“指价背离相反走，回归均线方可空”这个口诀，需要以下三个条件。

第一个条件：走势与指标方向背离。

第二个条件：收盘吞没前一根阳线。

第三个条件：走势二次回归均线方向。

“指价背离相反走，回归均线方可空”口诀具体的解析，如图 7–9 所示。

解析：如图 7–9 所示，走势经历了一次大幅度的上涨，随后出现小幅度的回调，回调之后出现了小幅度的上涨，上涨之后再次下跌，下跌过程中出现了一次小幅度的反弹，但是反弹的力度太小，下跌走势继续延续。

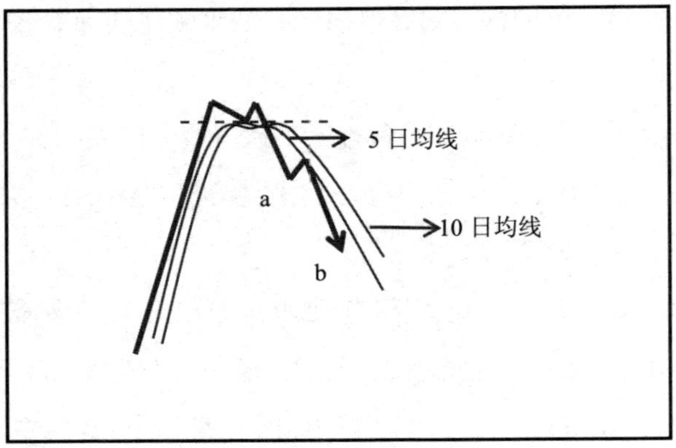

●图 7-9 “指价背离相反走，回归均线方可空”基本走势

当走势在第一次出现上涨、回调和反弹的时候，均线朝下，价格走势在均线的上方运行；当走势开始下跌的时候，均线朝下，价格走势在均线的下方运行，且 5 日均线紧贴价格走势，10 日均线略微偏离价格走势。

指价背离就是指走势在运行过程中均线朝下，而价格却在指标上方运行，正如图 7-9 所示，当走势在第一次出现上涨、回调和反弹的时候，均线朝下，价格走势在均线的上方运行。

这只是一个前提，还需要注意的是，走势后面的 K 线收阴，一定要吞没前面的 K 线，并直接击穿指价背离之前阳线的底部位置，即图 7-9 中的虚线方框 a 的下跌走势直接击穿指价背离之前阳线的底部位置，那么，后面的行情就会延续回落，即出现了图 7-9 虚线方框 b 中的下跌趋势，而从回归均线的下方，来延续一波下跌的行情。

这里，我们需要观察的是虚线方框 a 的下跌走势中的阴线是否收盘至均线的下方，还要观察虚线方框 a 的下跌走势中的阴线能否再次回归均线的方向，一旦回归到均线的方向，就意味着短期的价格将有望向下回落。

为了能够更好地理解，这里进行实战分析，如图 7-10 所示。

实战分析：如图 7-10 所示，在 2016 年 3 月—2016 年 5 月期间，黄金价格均出现了价格先在均线上方，且以背离的方式的运行，如图 7-10 所示的黑色方框，但是均线指标却一直向下。

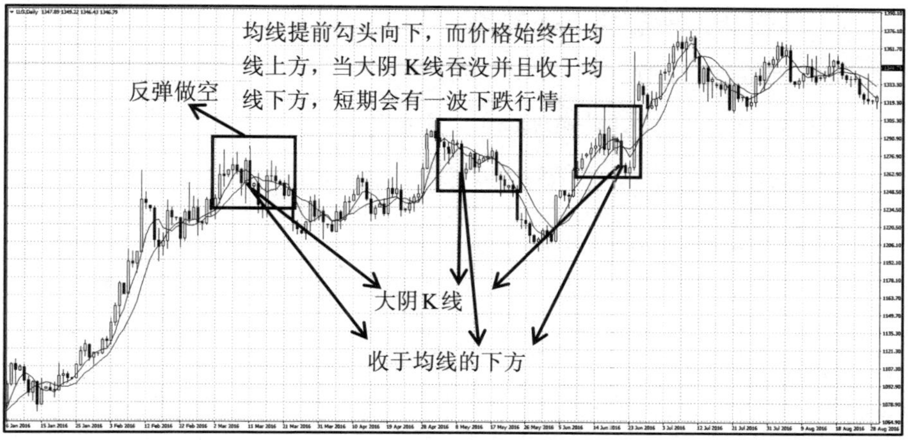

●图 7-10　2016 年 3 月—2016 年 5 月黄金（GOLD）日 K 线

如图 7-10 所示，价格与均线产生背离的时候，黄金价格走势经过反复的向上测试没有破新的高点之后，迎来了一根大阴 K 线的吞没下跌，导致黄金价格走势在三次背离之后的行情都出现了一轮延续性的下跌。

这样的行情往往发生在一轮上升走势结束的前夕，也就是图 7-10 中，形成指价背离之前的三次上升走势快要结束的时候，即走势快要形成指价背离的时候，进行反复测试，但终究形成指价背离，即图 7-10 中的黑色方框，价格终回归到均线的下方。

对于这样的走势，投资者一定要仔细观察三次背离期间大阴 K 线的状况，因为只要指价出现背离，如图 7-10 所示，在高位整理过程当中一根大阴 K 线直接吞没，并且收于均线的下方，反弹就可以阶段性的做空单。

“指价背离相反走，回归均线方可空”这个方法的应用不仅局限于日 K 线图，4 小时 K 线图及小时 K 线图当中也可以应用。

7.6　指价背离不破底，收根吞阳便可多

想要完成“指价背离不破底，收根吞阳便可多”这个口诀，需要以下四个条件。

第一个条件：指标与走势方向相反。

第二个条件：黏合指标修正不延续。

第三个条件：大阳拉升直接破前高。

第四个条件：走势回撤确认均线，并延续上升。

“指价背离不破底，收根吞阳便可多”口诀具体的解析，如图 7-11 所示。

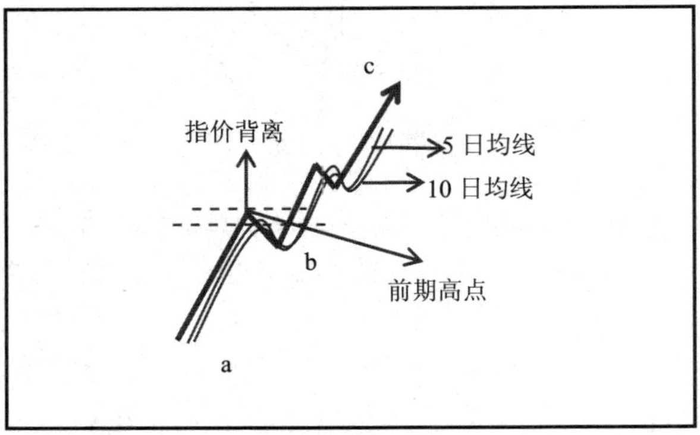

● 图 7-11 “指价背离不破底，收根吞阳便可多”基本走势

解析：如图 7-11 所示，虚线方框 a、虚线方框 b 和虚线方框 c 构成了一波单边上涨的行情，在这波行情的开始，出现了一段上涨的走势（图 7-11 中虚线方框 a 的上涨阶段），随后出现回调（图 7-11 中虚线方框 a 的回调阶段）现象。在这段回调的过程中，走势回落到均线下方或者处于均线附近徘徊，而此处的均线指标却开始向下勾头形成阶段性回调或见顶的假象，使得价格处于均线并偏离均线，即出现了图 7-11 中的指价背离的现象。

之后的收线（图 7-11 中虚线方框 b）表现得非常强硬，往往是一根大阳线或连续的阳线吞没回调前的高点位置，这就导致多头走势的可延续性，也就是导致了后续行情（上图中虚线方框 c）上涨的动力，从而推动后续走势形成新一轮的上升行情。

不过，在这里要特别注意一下，这与实盘口诀第十六条“指价背离相反走，回归均线方可空”的市场表现、市场意义刚好相反，又与第十二条“5、10 均线勾头向下，反弹是‘诱多’见高就空”有很多相似之处。

第十二条口诀“5、10 均线勾头向下，反弹是‘诱多’见高就空”中的“勾头向下，反弹是诱多”，即走势上涨和回调之后的反弹是诱多的现象，而且价格在反弹之前不能偏离均线太远，越远说明价格已经提前释放了能量。

此条口诀的意义就是价格偏离（图 7-11 中虚线方框 a）相对比较远，反弹收阳之后（图 7-11 中虚线方框 b 和虚线方框 c）的延续概率会较大，在判断行情当中一定要特别注意此类现象的出现。

为了能够更好地理解，这里进行实战分析，如图 7-12 所示。

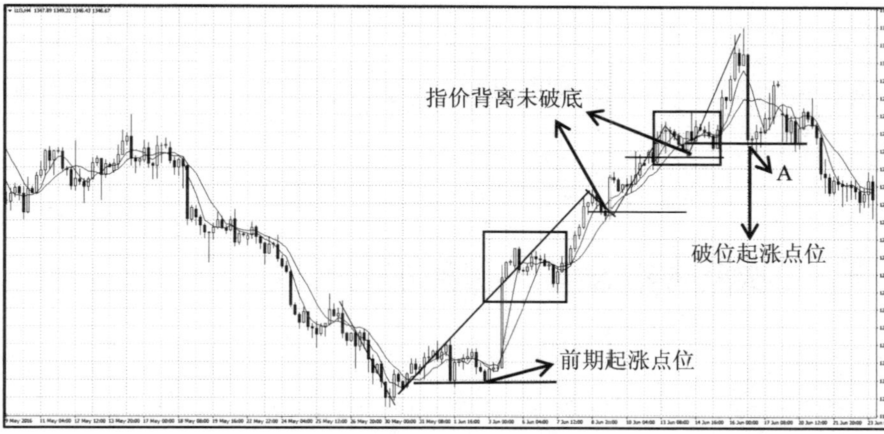

• 图 7-12　2016 年 6 月 1 日—2016 年 6 月 15 日黄金（GOLD）4 小时 K 线

实战分析：图 7-12 中黑色线段是 2016 年 6 月 1 日—2016 年 6 月 15 日，4 小时 K 线图中的黄金价格走势。

在这波行情的开始，出现了一段“下跌—上涨—回调—上涨—回调—上涨”的走势。在这段走势中，从第二次的“上涨”到最后一次“上涨”中，出现了两次回调。

在这段两次回调的过程中，走势回落到均线下方或者处于均线附近徘徊，而此处的均线指标却开始出现略微的向下勾头，由此形成阶段性回调或见顶的假象，使得价格处于均线并偏离均线，即出现了图 7-12 中的指价背离的现象。

在这两次指价背离现象中，价格以阳线收尾，并且确认新的上升行情，往往这样的走法发生在上升行情当中的修正，当一轮行情持续不断地上升，很多投资者预期见顶的出现，而误把价格高位的横盘当成了修正，也就是把图中黑色方框内的价格高位横盘当做价格的调整修正，但只要价格没有跌破前期的起涨点位，也就意味着多头的走势阶段并没有结束。

图 7-12 中黑色方框中的价格高位横盘会导致均线勾头向下或者黏合，而两个黑色方框后续走势中的大阳线突破，则决定了上涨行情的继续，投资者在操作当中一定要注意最终价格收盘情况，遇到类似的形态一定要注意不能急于猜测这波上涨的行情是否到达了顶部，这波上涨的行情只是上升当中的缓冲，并非真正的见顶。

所谓真正的见顶，即最后一次上涨之前的低点位置跌破起涨点位置，也就是走势跌到图 7-12 中的 A 点位置，跌破起涨点点位，才能确认形成了阶段性的顶部。

7.7 二次反弹不破顶，回落失底已见顶

想要完成“二次反弹不破顶，回落失底已见顶”这个口诀，需要以下三个条件。

第一个条件：之前走势已形成顶部。

第二个条件：走势再次反弹，测试前期高点，并不突破前期高点。

第三个条件：走势回落破位二次反弹前期的起涨点点位。

“二次反弹不破顶，回落失底已见顶”口诀具体的解析，如图 7-13 所示。

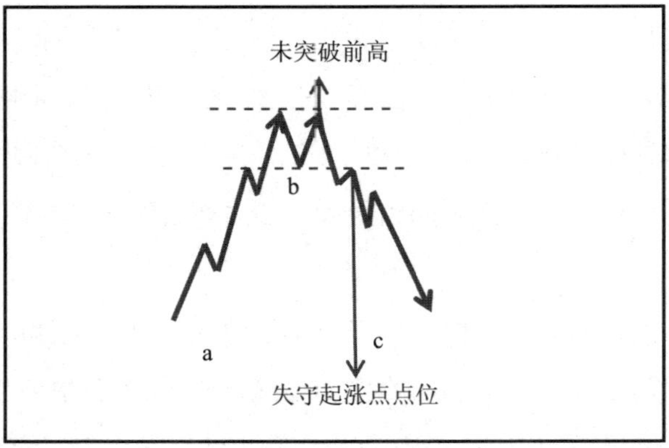

• 图 7-13 “二次反弹不破顶，回落失底已见顶”基本走势

解析：如图 7-13 所示，这样的走势就是大家熟知的双顶形态，只是此

种口诀更倾向于右侧判断的方法，双顶形态的判断和应用是最常见、最普遍的现象之一，而顶部的直接判断往往带有太多主观或者左侧风险交易的色彩。

如图 7-13 所示，走势经历连续的上升阶段（图中虚线方框 a），虽然上升期间经历了两次回调修正，但力量太弱，难以压制走势继续上涨，走势到达了高点，也就是前期价格已经形成比较明显的顶部。

随后，价格走势出现了一次小幅度的回调（图中虚线方框 b 中的下跌走势），经过这轮回调之后，出现了再一次的小幅度上升反弹（图中虚线方框 b 中的上升走势）。这次反弹的目的，是确认回调和上升形成的顶部是否有效，一般来说，此次的回调和反弹不会突破前期的高点。

走势回调和反弹小范围地刺穿前期的高点之后，马上又回到前高点下方（图中虚线方框 c），以表明上方压力的强弱程度。

然而，右侧判断的标准加了一条防火墙，就是破底（图中虚线方框 c），当价格在某一级别判断顶部是否真正成立时，不仅要看有没有突破二次反弹的高点，即图中虚线方框 b 中的反弹有没有突破前期高点位置，还要看回撤之后能不能失守起涨点，即图中虚线方框 c 中第一次下跌后的上升是否突破起涨点位置。

虽然这不是在理论上所看到的最高点，却是在最安全的范围内的最高点。“二次反弹不破顶，回落失底已见顶”这个方法更倾向于应用在小时 K 线图、4 小时 K 线图的级别上面，因为这样更容易精准地抓到阶段性行情见顶前的迹象。

虽然级别越大或许更安全，但也会变相地减少空的利润空间，所以，建议投资者最好将“二次反弹不破顶，回落失底已见顶”这个方法，作为在日内短线判断价格见顶或者回调的手法之一。

上文中提到的“左侧交易”是一种交易方式，与“右侧交易”相对。以做空为例，左侧交易方式的做法是：在上涨走势中，当走势还没有稳定的时候，想要以小博大，走势还未达到顶点的时候，预计顶点，并直接做空。与右侧交易方式相比，左侧交易方式的风险要大。

右侧交易方式的做法是：在上涨走势中，当走势出现顶点，并出现回调反弹之后，以回调的高点作为压力位做空。与左侧交易方式相比，右侧交易方式的风险要小。

为了能够更好地理解，这里进行实战分析，如图 7–14 所示。

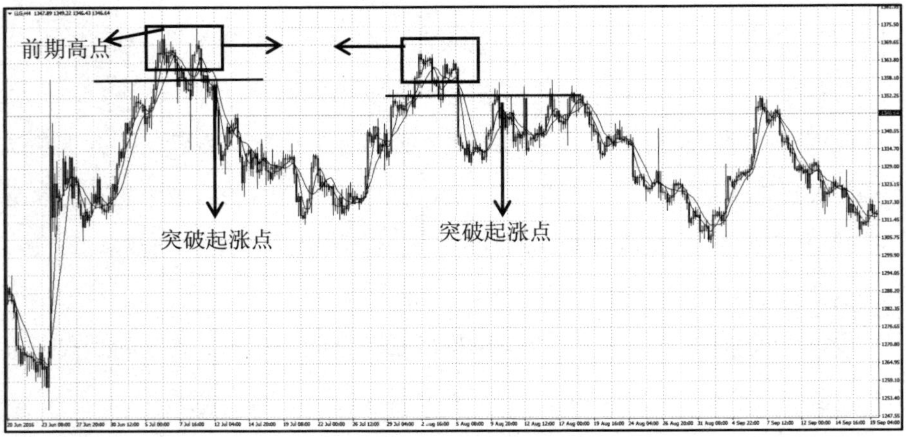

●图 7–14　2016 年 7 月—2016 年 8 月黄金（GOLD）4 小时 K 线

实战分析：如图 7–14 中黑色线段所示，黄金价格走势先是经历了一段上升趋势后，进行价格回调，回调之后再次上升至高点位置。随后，价格走势下跌后反弹至前期的高点位置，反弹后价格走势下跌，下跌期间出现了小幅度的回调，但这次的回调突破起涨点的位置。

从图 7–14 中可以看出，这一波走势形成了第一个双顶形态。

第一个双顶形态形成之后，价格经过了数次小幅度的上升和下跌之后，再次形成了双顶形态，即黄金价格走势先是经历了一段上升趋势后，进行价格回调，回调之后再次上升至高点位置。随后，价格走势下跌后反弹至前期的高点位置，反弹后价格走势下跌，下跌期间出现了小幅度的回调。同样，这次的回调突破起涨点的位置。

这两个双顶形态的形成是在 2016 年 7 月—2016 年 8 月的 4 小时级别 K 线走势图当中。

这里进行总结，判断双顶形态能不能完成，主要是判断价格回调时，是否破位了之前最后一次上升的起涨点，只有当起涨点的位置失守，双顶才会成立，虽然看似入场的位置不佳，不是在最高点，但却因为走势向下破位之后导致入场的安全系数比较高，黄金价格走势会迎来一次阶段性的回落。

7.8　二次回撤不破底，反弹破高将延续

想要完成“二次回撤不破底，反弹破高将延续”这个口诀，需要以下三个条件。

第一个条件：走势单边下跌，并出现快速反抽。

第二个条件：走势二次回撤不创新低。

第三个条件：走势反弹，并且再次破前高点。

“二次回撤不破底，反弹破高将延续”口诀具体的解析，如图 7-15 所示。

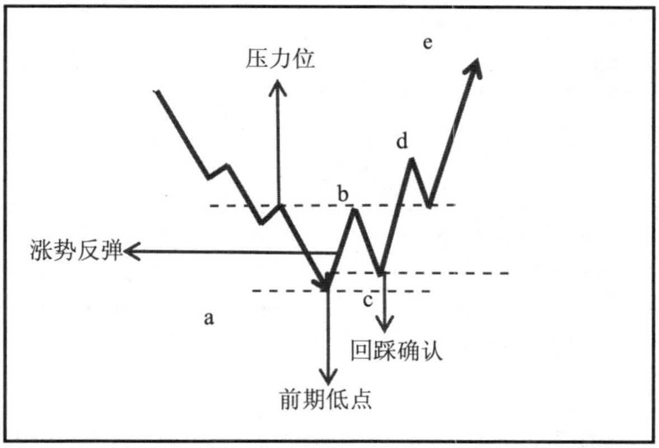

●图 7-15　“二次回撤不破底，反弹破高将延续”基本走势

解析：如图 7-15 所示，出现了连续性的下跌走势（图中虚线方框 a），虽然下跌期间有小幅度的回调，但回调力度太小，走势跌至低点，即图中前期低点的位置。

随后，走势出现了第一次较强、较快的反弹（图中虚线方框 b），而这次反弹往往是测试压力线的位置，以暗示支撑有效；强势反弹之后，出现了回撤（图中虚线方框 c），此次的回撤是判断后势的关键。

这也是波浪理论当中第 1、2 浪确认的关键所在，只有强势反弹之后的回撤（图中虚线方框 c）不跌破前期低点，才能推动第 3 浪（图中虚线方框 d）

的上升，这个上升的力度非常大，速度非常快，并且会带来丰厚的利润空间。

同时，强势反弹之后回撤（图中虚线方框 c）的防守点位，往往是在前期低点的下方。这时，投资者不能急于看到前期的反弹（图中虚线方框 b）而做回撤的多单，因为价格会再次回落，以寻求新的支撑，为后面的拉升（图中虚线方框 e）奠定基础。

如图 7–15 所示，对于一波下跌的单边行情，判断底部或者阶段性的反转行情具有很重要的参考性。

为了能够更好地理解，这里进行实战分析，如图 7–16 所示。

●图 7–16　2012 年 5 月 15 日—2012 年 10 月 5 日黄金（GOLD）日 K 线

实战分析：如图 7–16 所示，2012 年 5 月 15 日—2012 年 10 月 5 日期间，黄金价格走势在连续性的下跌之后，跌至 1525 美元 / 盎司附近。

持续不断的下跌却迎来了一次强势反弹的行情，第一次反弹到了 1640 美元 / 盎司的高点，而之后却进行了一次回撤确认的走势，但回撤确认的行情并没有再创新的低点，也就是没有跌破 1525 美元 / 盎司的前期低点位置，而是迎来了反复的过山车式震荡，最终突破了 1640 美元 / 盎司之前反弹的高点。

当失守 1640 美元 / 盎司这个高点位置之后，迎来了阶段性的反弹。此后，黄金价格走势继续延续多头，并且是强势地延续多头。

对于“二次回撤不破底，反弹破高将延续”这样的行情，建议投资者将其应用在 4 小时 K 线图、日 K 线图等较大级别的判断上面，因为在大级别上判断更有利于投资者对黄金价格走势进行大方向的把握。

当下跌行情高点不断地下移时，出现一次强有力的反弹，该反弹一定具有市场意义和目的，即反弹后的回踩确认会继续夯实底部，为再次向上的突破上涨打下底部基础。

投资者需要注意的是，走势回撤之后是否跌破前期的低点，若是走势回撤跌破了前期的低点，并持有空头，那么就要在此回撤期间找机会离场，因为真正下跌期间不会出现较大的反弹，即便出现一些小幅度的反弹，也是说明价格走势下方支撑强硬，投资者不要盲目地再去跟风进空。

7.9 下跌十字单阳是陷阱，谨防空头仍继续

想要完成“下跌十字单阳是陷阱，谨防空头仍继续”这个口诀，需要以下三个条件。

第一个条件：走势以单边连续阴线的趋势下跌，高点不断下移。

第二个条件：下移途中以十字 K 线或单根阳线修正。

第三个条件：走势反弹，不突破前期起跌点位置。

“下跌十字单阳是陷阱，谨防空头仍继续”口诀具体的解析，如图 7-17 所示。

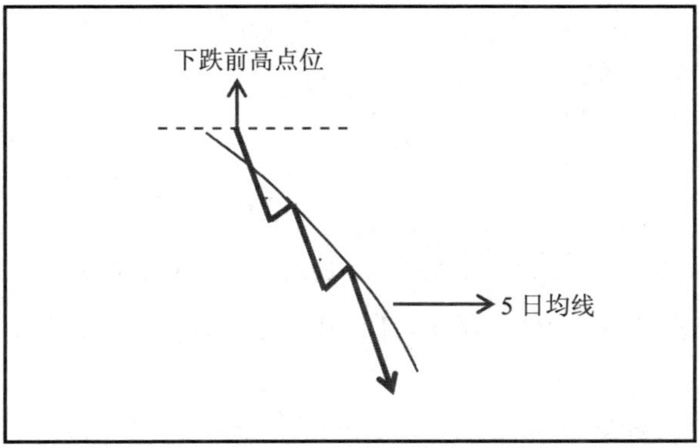

• 图 7-17　“下跌十字单阳是陷阱，谨防空头仍继续”基本走势

解析：如图 7-17 所示，走势出现了三次下跌，而每一次下跌过程中都出现了回调走势，但每一次回调都没有突破图中下跌前高点的位置，继续延续下跌走势。

对于图中的单边下跌走势，很多投资者会做出看空防反弹的选择，明知道走势极弱，却见到出现一根阳线或者十字 K 线的回调修正，就误以为阶段性行情见底，便选择入场。

然而，这并不是一个入场的信号，因为真正的下跌行情分水岭不是用单根的阴线或者阳线来界定的，正如图 7-17 所示，只要最后一次下跌之前的高点位置没有失守，也就是图中的第二次回调没有突破下跌前的高点位置，下跌的行情就没有结束。

同时，在一轮下跌当中，连续的阴线或者持续性地以阴线收尾，而中途的下跌用十字 K 线或者小阳线来进行回调调整，是为了使价格靠近 5 日均线位置后再蓄势下跌。正是因为单根阳线和十字 K 线是不具备反转信号的，所以，空头的行情往往在缓冲之后还会延续。

为了能够更好地理解，这里进行实战分析，如图 7-18 所示。

• 图 7-18　2016 年 11 月 9 日黄金（GOLD）日 K 线

实战分析：如图 7-18 所示，从 2016 年 11 月 9 日开始，黄金价格走势经历了快速下跌的行情，而这期间是美国总统大选，即特朗普与希拉里竞选时的黄金价格走势，黄金价格在 1337 美元/盎司的点位迎来了持续性的下跌，最低到了 1122 美元 / 盎司的低点，跌幅达到了 215 美元 / 盎司。

在这一轮地下跌行情当中，可以明显地看到，每一次的价格走势高点不断下移，并且中途出现了十字 K 线或者单根阳线的收线回调，但这样的回调缓冲并没有影响走势大方向的下跌，走势在历经多次回调修正之后，继续延续性的下跌。

如图 7-11 所示的单边下跌的行情中，出现的十字 K 线或者单根阳线的回调是为了蓄势的下跌，是给投资者一个入场的机会，投资者可以在反弹之后依托阳线的高点位置重新布局空单，但投资者不要误把这种反弹当成见底，因为底部的成立是要突破前高点，而不是单凭阴线和阳线来判断行情方向的变化。

7.10 上升十字单阴是蓄势，小心多头逼空涨

想要完成“上升十字单阴是蓄势，小心多头逼空涨”这个口诀，需要以下三个条件。

第一个条件：走势持续单边上涨，低点不断上移。

第二个条件：走势中途出现单根阴线回撤或十字 K 线修正。

第三个条件：单根阴线和十字 K 线的回撤、修正不跌破回撤前的起涨点点位。

“上升十字单阴是蓄势，小心多头逼空涨”口诀具体的解析，如图 7-19 所示。

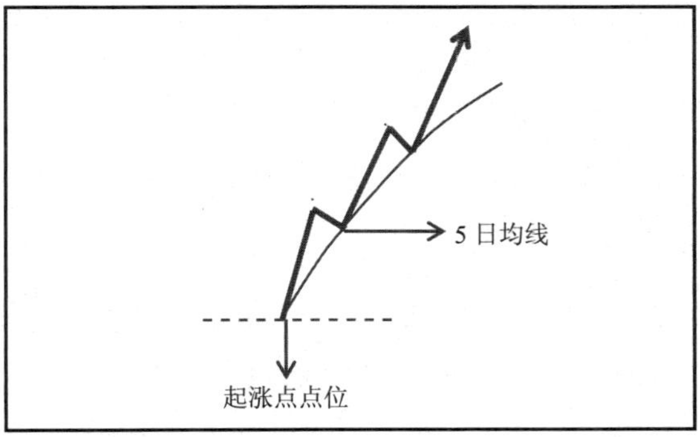

• 图 7-19　“上升十字单阴是蓄势，小心多头逼空涨”基本走势

解析：如图 7-19 所示，这样的行情走法或者判断标准与 7.9 节中“下跌十字单阳是陷阱，谨防空头仍继续”的口诀是对立的。“下跌十字单阳是陷阱，谨防空头仍继续”是对下跌行情中走势修正的判断，而“上升十字单阴是蓄势，小心多头逼空涨”是对上升行情中走势蓄势的判断。

如图 7-19 所示，在一波单边的上涨行情中，出现了两次回调修正，即图中的虚线方框，但价格走势并没有失守之前的起涨点点位，所以，强势的多头行情就没有结束，而上涨走势中的回撤并不能成为判断顶点的依据，于是，走势继续上升。

这里需要注意的是，价格的两次回调，可能是单根阴线或多根阴线的回撤修正，也可能是高位的横盘修正。投资者不要误以为是出现了顶点，把这种回撤调整当成见顶，反而丧失了入场做多的机会。

为了能够更好地理解，这里进行实战分析，如图 7-20 所示。

● 图 7-20　2016 年 12 月 20 日—2017 年 1 月 20 黄金（GOLD）日 K 线

实战分析：如图 7-20 中的两条黑色下跌线段所示，黄金价格走势经历了快速下跌和快速上涨的行情，这期间，整整经历了一个月的时间，即从 2016 年 12 月 20 日至 2017 年 1 月 20 日。

这期间，也就是美国总统大选时，黄金价格下跌结束之后的上升行情从 1122 美元 / 盎司涨到 1220 美元 / 盎司的高点。

如图 7-19 所示，在这一轮的上涨行情当中，总共出现了三天下跌（图中黑色方框为三根 K 线）。同时，这三天的下跌都是以单根阴线的回撤修正为主，并没有影响大方向的上升行情。

对于这样的强势上涨行情，单根阴线或者十字 K 线的修正不能作为判断一般行情顶点出现的依据，因为走势的回撤只要没有跌破前面的低点，也就是回撤没有跌破 1122 美元 / 盎司的点位，那么这就仅是一个回撤的修正而已，不足以引发单边上涨行情的结束。

反而，单根阴线或者十字 K 线的调整，成为投资者再次跟随或者做多的机会。在单边上涨行情当中，顶部的判断绝对不是用回调修正的单根阴线来完成的，所以，投资者尽量不要用前一日的阴线和阳线来判断黄金价格走势的大方向。

7.11 冲高回底非好事，倒 V 难守仍要跌

想要完成“冲高回底非好事，倒 V 难守仍要跌”这个口诀，需要以下三个条件。

第一个条件：走势在起涨点位置快速拉起。

第二个条件：走势自高点持续慢跌向下。

第三个条件：走势回落至起涨点或失守起涨点。

“冲高回底非好事，倒 V 难守仍要跌”口诀具体的解析，如图 7-21 所示。

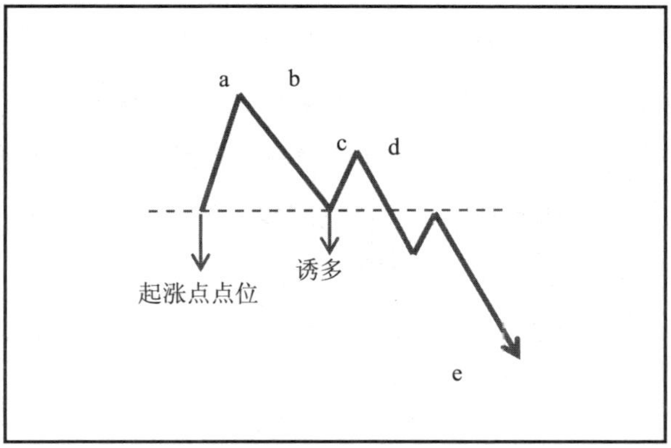

• 图 7-21　“冲高回底非好事，倒 V 难守仍要跌”基本走势

解析：如图 7-21 所示，这种行情的走法经常发生在日 K 线图中，走势从起涨点上升至高点，如图 7-21 中的虚线方框 a。随后价格并没有延续之前的上涨，而是一路地慢跌向下回撤，造成回撤蓄势待涨的假象，连续阴线向下跌，直到下跌靠近起涨点的水平位置，且下跌中途几乎或者很少出现连续的阳线，一般以单根阳线或者十字 K 线的修正为主，如图 7-21 中的虚线方框 b。

从虚线方框 a 和虚线方框 b 的走势来看，行情看似一波强势上涨却易攻难守，黄金价格走势几乎跌至起涨点点位。

随后，黄金价格走势在日 K 线图中的价格冲高和回落，即图 7-21 中的虚线方框 c 和虚线方框 d 共同组成的倒 V 字形行情，并且黄金价格继续回落到起涨位置之后。这里要注意的是，此处价格回落会跌破起涨点点位的概率高达 90%。

黄金价格一旦跌破起涨点点位，便会形成延续性并且加速的下跌，即图 7-21 中的虚线方框 e。

在这个过程中，投资者不要把价格冲高（图中虚线方框 a）当成价格强势的走势，因为真正的价格强势走势是不会再跌回到原点的，尤其是在日 K 线图的价格波动中，当价格走势回撤到起涨点点位（图中虚线方框 b），这看似形成支撑，其实则只是为了更好地诱多。

之后的小幅反弹（图中虚线方框 c）停止，就会加速下跌（图中虚线方框 d），而下跌的时候也会出现直接击穿起涨点位置。

这里进行总结，在此交易过程中，投资者一定要注意当价格自起涨点向上冲高之后（图中虚线方框 a），是否再慢跌回到原点（图中虚线方框 b），若是慢跌回原点，这时已经表明市场没有再次上升的动能，投资者要及时地转变思路，而不能以为之前的起涨点位置就是支撑，尤其是整个倒 V 字形的波动过程是在日 K 线图的波段中完成的时候（图中的虚线方框 c 和虚线方框 d 共同组成的倒 V 字形行情），更要加以注意。

为了能够更好地理解，这里进行实战分析，如图 7-22 所示。

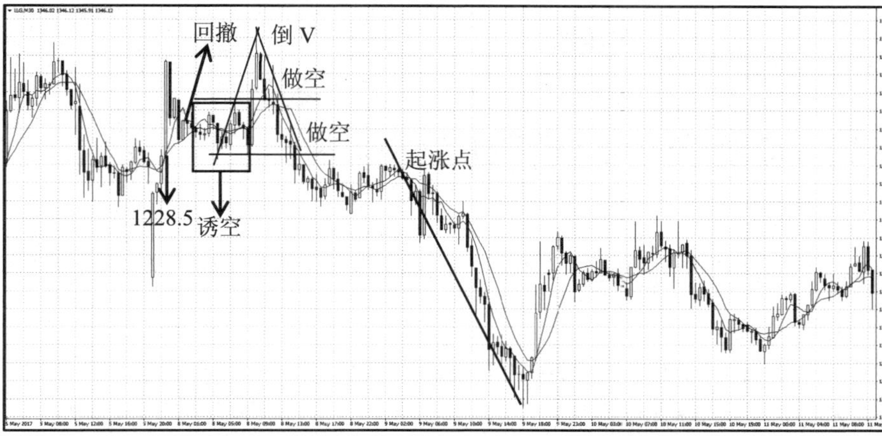

● 图 7-22　2017 年 5 月 8 日黄金（GOLD）30 分钟 K 线

实战分析：如图 7-22 所示，2017 年 5 月 8 日，黄金价格走势以起涨点位置 1228.5 美元 / 盎司为支撑点，出现了一次比较强势的上升行情，而之后的价格持续不断地连续阴线回撤，中途即使出现反弹也是马上快速地回撤，一直持续下跌到起涨点 1228.5 美元 / 盎司附近。

如图 7-22 所示，这期间出现了价格的小幅反弹，看似此位置的支撑有效，实则是诱多，因为强势的行情不会有如此深的调整，而这样的调整只是为了给后面的下跌诱多，形成破位之后将多头全部吞并的局面。

果然，此位置经过反复的整理，直接下跌并跌破起涨点位置，之后迎来了持续性的加速下跌行情。

如图 7-22 所示的这种形态一般针对日内行情非常的明显，往往是在一波冲高假涨的局面之后慢跌到原点位置，由于之前的强势导致市场投资者误认为价格走强，又以为回落是比较理想入场做多的机会。这种慢跌就是为做多者提供更多想象的空间，而最后的加速下跌，则是将之前套牢的多头一次性吞没。

在平时震荡式下跌行情的交易当中，出现这种走法的频率比较高，与早盘急涨难延续的口诀有些类似，但早盘急涨要由时间和欧盘的强弱来界定，而这个口诀只需看黄金价格走势的形态即可，回到起点的反弹或者失守起点之后的反弹确认都将是绝佳做空的机会。

7.12 单阴难转势，不改方向莫惊慌

想要完成“单阴难转势，不改方向莫惊慌”这个口诀，需要以下三个条件。

第一个条件：极弱或者极强的单边走势。

第二个条件：单根阴线收线。

第三个条件：阴线不跌破前期起涨点点位。

“单阴难转势，不改方向莫惊慌”口诀具体的解析，如图 7-23 所示。

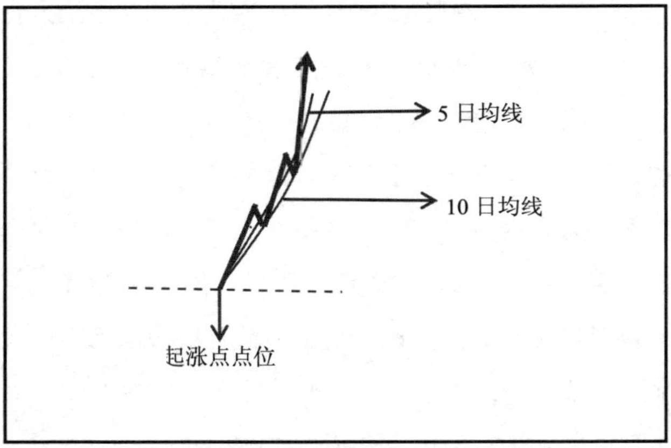

• 图 7-23 “单阴难转势，不改方向莫惊慌”基本走势

解析：正所谓“强势不深调、深调不强势”，即强势行情（有新高）不能出现深度回调，深度回调不是强势回调行情。

如图 7-23 所示，在一波单边的上涨行情中，价格走势多以连续的阳线出现，上破 5 日均线，且沿着 10 日均线上升，中途夹杂着十字 K 线或者单阴 K 线的缓冲修正，如图 7-23 所示的两个虚线方框，这期间很少出现大级别的调整。这种形态一般是价格偏离均线位置较远，作为单边行情当中的一个修正指标而已，并非转势。

只要价格没有失守最后一次图 7-23 中的起涨点的位置，那么大方向就没有发生质的改变。投资者不能因为在中途出现了一个相反方向的 K 线就武断地认为价格阶段性地见顶或者见底了，因为在单边上涨行情中，相反方向的单根 K 线，即下跌的单根阴线是不具备反转信号的。

如图 7-23 的这种形式往往出现在极弱或者极强的单边行情当中，比如在 1 小时 K 线图、4 小时 K 线图、日 K 线图的极弱或者极强的单边上涨行情当中。

为了能够更好地理解，这里进行实战分析，如图 7-24 所示。

• 图 7-24　2016 年 1 月 15 日—2016 年 2 月 11 日黄金（GOLD）日 K 线

实战分析：如图 7-24 所示，2016 年 1 月 15 日—2016 年 2 月 11 日期间，在美联储 2015 年 12 月份第一次加息落地的浪潮之下，黄金价格走势迎来了一波强势大涨的行情。如图 7-24 所示，在左侧方框内，黄金价格走势呈现“上涨——下跌——上涨——下跌”的趋势。

而后黄金价格走势从起涨点点位 1070 美元 / 盎司开始上涨，并且在上涨期间，出现了第一次单个下跌的阴线（图 7-24 中间的方框），并且以这根单个的阴线收线，不跌破图中的起涨点点位。

之后，黄金价格呈阳线上涨趋势，并出现了第二次单个下跌的阴线（图 7-24 右侧方框），同样以这根单个的阴线收线，不跌破图中的起涨点点位。

在这之后，黄金价格走势再次呈现阳线上涨趋势，并且上涨至高点 1260

美元 / 盎司点位，上涨的幅度达到了 190 美元 / 盎司。

不难发现，这个过程只出现了 2—3 次单阴的回撤，而且都没有连续以阴线收尾。单边强势的行情当中，当出现一次阴线回撤的时候，投资者不能误把这种回撤当成见顶的信号，这仅仅是上升当中的缓冲而已，之后会持续地出现连续阳线上攻的走势。

同时，像这样的行情在单边当中经常出现，如图 7-24 所示，单阴的回撤恰恰成为了不错的入场点位，投资者可再次把握入场时机。

7.13 单阳难转势，不改方向莫惊慌

想要完成“单阳难转势，不改方向莫惊慌”这个口诀，需要以下三个条件。

第一个条件：极弱或者极强的单边行情。

第二个条件：单根阳线收线。

第三个条件：阳线不升破前期起跌点点位。

“单阳难转势，不改方向莫惊慌”口诀具体的解析，如图 7-25 所示。

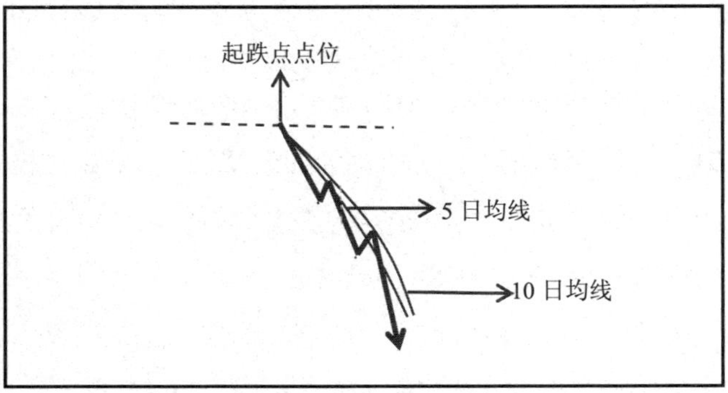

• 图 7-25 “单阳难转势，不改方向莫惊慌”基本走势

解析：如图 7-25 所示，在一波单边的下跌行情中，价格走势多以连续的阴线出现，跌破 5 日均线，且沿着 10 日均线下跌，中途夹杂着十字 K 线或者单阴 K 线的缓冲修正，如图 7-25 中的两个虚线方框，这期间很少出现

大级别的调整。这种形态一般是价格偏离均线位置较远，作为单边行情当中的一个修正指标而已，并非转势。

只要走势没有攻破最后一次图中的起跌点的位置，那么走势的大方向就没有发生质的改变。投资者不能因为在中途出现了一个相反方向的 K 线就武断地认为价格阶段性地见顶或者见底了。同样，这是因为在单边下跌行情中，相反方向的单根 K 线，即上升的单根阳线是不具备反转信号的。

如图 7-25 所示的这种形式往往出现在极弱或者极强的单边行情当中，比如在 1 小时 K 线图、4 小时 K 线图、日 K 线图的极弱或者极强的单边下跌行情当中。

为了能够更好地理解，这里进行实战分析，如图 7-26 所示。

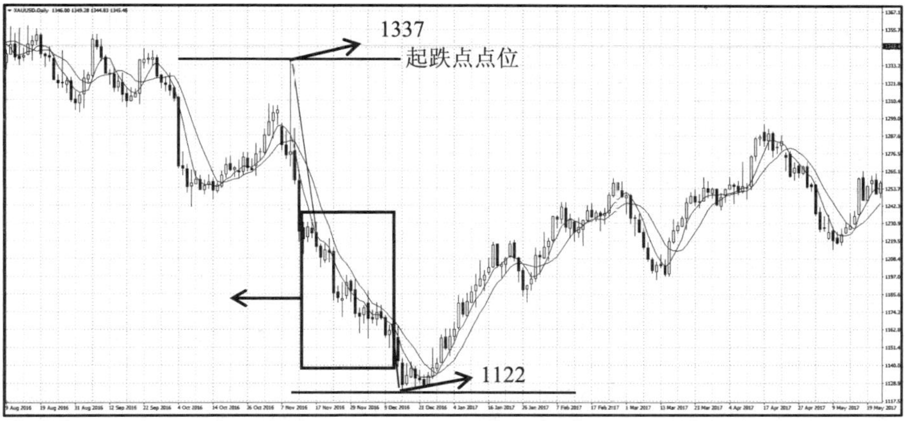

● 图 7-26　2016 年 6 月 11 日黄金（GOLD）日 K 线

实战解析：如图 7-26 所示，2016 年 6 月 11 日，美国总统大选期间，候选人特朗普和希拉里之间的选举带动了黄金市场大幅波动。如图 7-26 所示，黄金价格从起跌点点位 1337 美元 / 盎司开始呈现单边下跌走势。

在这一轮的单边下跌行情当中，一共出现了 6 次单根阳线的回调修正，而每一次都不升破原有的起跌点点位，但始终都没有改变原有的下跌趋势。走势中的每一次单根阳线的回调修正，都是为了更好地下跌（极弱的单边下跌行情中，单个阳线的回调是不具备反转能力的）。

恰恰是这种单根阳线的回调修正和之前举例上升行情中单阴回撤一样成

为了跟随趋势的机会，其目的是酝酿新一轮的下跌或者延续性的下跌。

如图 7-26 所示，6 次单根阳线的回调修正之后，黄金价格继续呈现下跌走势，从 1337 美元 / 盎司的高点位跌到了 1122 美元 / 盎司的低点位。此次下跌历时一个半月，但是黄金价格走势下跌的跨度达到了 215 美元 / 盎司。

第 8 章

寻找走势中的阻力与支撑

我们都知道“逢支撑则买，逢阻力则卖”，即有支撑的时候，走势会涨，有阻力的时候，走势会跌；我们还知道“突破阻力则买，跌破支撑则卖”，即突破阻力的时候，走势会涨，跌破支撑的时候，走势会跌。这些判断和操作称为顺势而为。

所以，支撑位和阻力位是行情走势中极为重要的一点，也可以称之为行情的潜在拐点。

寻找支撑和阻力的方法有很多，借助的工具也有很多，一般常用的指标工具有黄金分割线、蜡烛图（K 线图）、均线、趋势线等。本书第 5 章对黄金分割线、蜡烛图（K 线图）、均线、趋势线、通道线等技术指标进行了知识介绍和普及，本章将第 5 章介绍的技术指标知识与现货黄金价格走势图结合，进行深度分析。

本章导读：

- 黄金分割线，寻找阻力与支撑
- 上升起点与下跌起点，体现走势波动
- 蜡烛图 K 线实体位置，判断入场与出场
- 均线支撑与均线阻力，分析当下走势
- 顶底转换法，有效判断阻力与支撑
- 趋势通道线多空法，单边走势的搭配
- 凌晨高低点，阻击走势阻力与支撑
- 箱体震荡，多空交投密集区判断阻力与支撑

8.1 黄金分割线，寻找阻力与支撑

在本书第 5 章中介绍了黄金分割线的起源及概念和画法，这里不再做过多的解释，读者若是有不理解的地方，可回看本书第 5 章。

不过，黄金分割线没有考虑到时间变化对价格的影响，所揭示出来的支撑位与压力位较为固定，投资者不知道什么时候行情会到达支撑位与压力位。因此，如果在交易过程中价格横盘运行的时间过长，则其参考的作用要打一定的折扣，建议投资者可以作为判断的参考，而并非唯一交易依据。

在走势发生转势后，无论是止跌转升还是止升转跌，以阶段性行情走势中重要的高点和低点之间的涨跌幅度作为计量的基数，将原涨跌幅按 0.236、0.382、0.50、0.618（23.6%、38.2%、50.0%、61.8%）分割为黄金点，价格在反转后的走势将可能在这些黄金分割点上遇到暂时的阻力或支撑。

所以，黄金分割线在平常交易当中普及率和使用率非常高，极弱的行情往往以 0.236、0.328 为基准，而 0.50 和 0.618 作为安全系数较高的分割比率，当价格突破 0.618 的位置，也就意味着此次下跌或上升行情告一段落，平时应用当中有一定的时效性和阶段性，而并非所有的波段都可以用黄金分割线中的 4 个点来入场，这只是众多分析和判断工具当中的一个而已。

实战分析：如图 8-1 所示，2015 年 1 月 2 日，黄金价格走势以 1307 美元 / 盎司为高点，出现了下跌，持续下跌至 2015 年 3 月 17 日 1142 美元 / 盎司低点位置，下跌幅度达到 165 美元 / 盎司。随后，黄金价格走势以 1142 美元 / 盎司为支撑点向上反弹，反弹至黄金分割线 50.0% 的位置 1224.5 美元 / 盎司，两次到达这个位置之后再次迎来了下跌。

黄金分割 50.0% 是在震荡式下跌行情当中应用最频繁的点，用来判断下跌行情当中价格反弹继续延续的重要阻力点，以便投资者寻找更有力的位置来进行二次布局空单。

●图 8-1　2015 年 1 月 2 日黄金（GOLD）日 K 线（下跌找阻力黄金分割线 50.0%）

实战分析：如图 8-2 所示，黄金价格走势自 2013 年 4 月 10 日以 1589 美元 / 盎司为高点下跌至 2013 年 4 月 16 日 1322 美元 / 盎司低点的位置，下跌幅度达到了 267 美元 / 盎司。

●图 8-2　2013 年 4 月 10 日—2013 年 4 月 16 日黄金（GOLD）日 K 线（下跌找阻力黄金分割 61.8%）

在这期间，黄金价格走势出现了反弹，并且反弹至黄金分割线 61.8% 的位置，即 1487 美元 / 盎司，黄金价格走势遇阻黄金分割线 61.8% 之后迎来了第二轮持续性的下跌，最终跌至了 1200 美元 / 盎司的下方，黄金价格走势在这期间的暴跌，迎来了 2013 年 4 月 12 日—2013 年 5 月的黄金暴跌事件。

2013 年 4 月 12 日，国际现货黄金惨遭劫难，黑色星期五拉开了全球黄金暴跌的序幕，黄金价格暴跌 5%，跌破 1500 美元 / 盎司的重要支撑价位。跌幅至四年之最。2013 年 4 月 16 日，黄金继续暴跌，至 2013 年 5 月 17 日当周，国际金价继震荡式下行后突然加速下滑，创四年最长连续下跌走势。2013 年 5 月 17 日，黄金价格报收于 1355.30 美元 / 盎司。

实战分析：如图 8-3 所示，2016 年 12 月中旬，黄金价格走势在持续性下跌一个半月之后，在美国大选落地、新总统上任的背景之下迎来了一次多头上升的反击，自 1122 美元 / 盎司的低点位置一路上升，刷新了 1265 美元 / 盎司的高点，上升的幅度达到了 140 美元 / 盎司左右。

• 图 8-3　2016 年 12 月中旬黄金（GOLD）日 K 线（上升找支撑黄金分割线 50.0%）

如图 8-3 所示，在这一波日线的上升走势当中出现了较大幅度的回撤，自 1265 美元 / 盎司附近跌至黄金分割线 50.0%，也就是 1195 美元 / 盎司的位置，加上 2017 年 3 月初美联储加息落地，导致黄金价格走势触及此次调整黄金分割线 50.0% 的位置，再次上涨 100 美元 / 盎司，刷新 1295 美元 / 盎司的高点。

这一次的回落刚好达到了黄金分割线关键的支撑位置 50.0% 区域，并带动了后面延续性的上涨行情。

8.2　上升起点与下跌起点，体现走势波动

首先，在一轮上涨行情当中，黄金价格走势拉升之后出现回落向下，回踩的支撑点就是起步上涨的位置。这个位置的得失将决定着整个行情的方向

性变动，一般出现在单边的上升或者下跌行情中，有时候也会在箱体震荡行情被突破之后来判断阻力与支撑，这也是俗称的“多空分水岭”位置。看的级别不同，带来的效果不同，日内短线常应用在 1 小时当中。

无论是在上升还是在下跌的行情当中，对最后一次上升前的起涨点或者下跌行情的起跌点判断，将决定着对整个波段内行情的反转跟强弱起到一定的作用，而这个位置又会成为价格延续性的判断标准。

实战分析：如图 8-4 所示，2016 年 12 月 20 日—2017 年 1 月 5 日期间，黄金价格走势自 1122 美元 / 盎司附近上涨到 1185 美元 / 盎司，在这一轮上涨的走势当中，走势的三次回撤都是在前期起涨点附近作为支撑位置，上升后的回撤将起涨点作为支撑再次发力，这属于典型的震荡式上升行情。

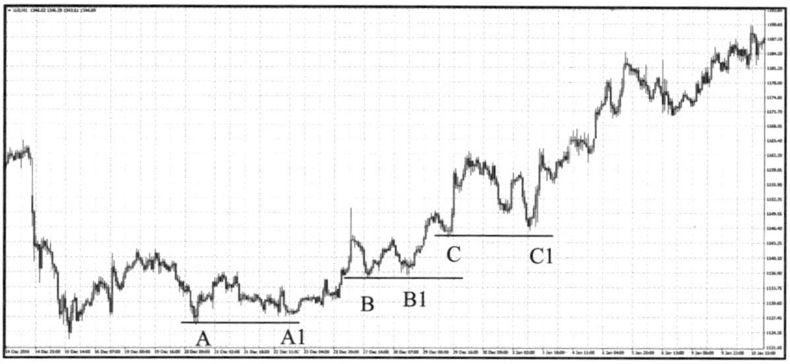

• 图 8-4　2016 年 12 月 20 日—2017 年 1 月 5 日黄金（GOLD）小时 K 线（上涨行情）

分析 A(A1)、B(B1)、C(C1) 互相对称的位置都是价格向上拉升，判断支撑则是以小时 K 线当中的起涨点，当价格回撤确认到起涨点的位置，就是一次进场做多的机会，经常应用在台阶式的行情当中，主要是用起涨点来界定价格支撑位置的有效性。

实战分析：如图 8-5 所示，2016 年 7 月 6 日黄金价格走势在一轮上升行情当中首次确认了高点的位置 1375 美元 / 盎司，之后经过一轮下跌 1335 美元 / 盎司的回撤之后，二次反弹向上确认 1375 美元 / 盎司的高点位置，形成了明显的阻力效应。

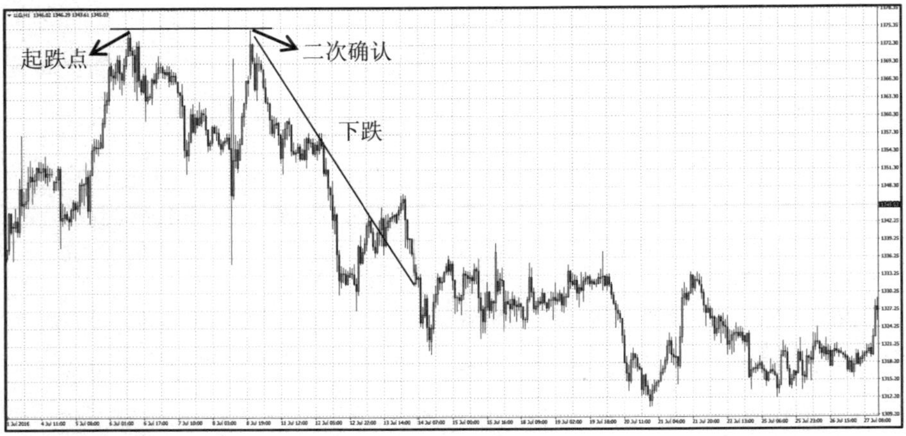

●图 8-5　2016 年 7 月 6 日黄金（GOLD）小时 K 线（下跌行情）

下跌行情当中的起跌点位置成为重要的阻力判断手法之一，二次确认抵达 1375 美元 / 盎司之后并没有突破，而是出现了持续性的回撤，最终于 2016 年 7 月 21 日达到 1310 美元 / 盎司的低点，用时仅仅半个月却跌了 65 美元 / 盎司。在这一波下跌行情当中，1375 美元 / 盎司的阻力成立，就是非常明显的下跌起跌点构成了阻力。

对于这样的行情，投资者一定要关注之前高点位置带来的压力，这也是双顶形态构成的重要判断方法。

8.3　蜡烛图 K 线实体位置，判断入场与出场

本书第 5 章介绍了日本蜡烛图的相关知识，其实蜡烛图就是去掉上、下影线价格的收盘价或者开盘价，在日内短线交易当中用蜡烛 K 线判断一波行情的支撑或阻力，是判断行情必不可少的手法之一。很多投资者在交易当中，常常找不到下一波行情的支撑与阻力，导致交易当中没有正确地设置止损、止盈。

面对一波走势下跌或者上涨时，在走势触及蜡烛 K 线实体的位置，试探未突破的情况下，就会导致原有的上涨或下跌转向。其实任何走势都是朝着阻力较小的方向运行的，实体位置是判断阻力 / 支撑的其中一样，而

并非全部，需要与当时的行情、力度、速度结合应用，才能起到比较好的作用。

不过，单从一根 K 线的实体位置来判断行情的强弱的应用频率并不是很高，可以作为辅助工具使用。

实战分析：如图 8-6 所示，2015 年 12 月 4 日—2015 年 12 月 11 日期间，黄金价格走势出现了一根大阳线的拉升，而之后的价格冲高回落延续跌势。在这个下跌的过程当中，当走势触及之前大阳线蜡烛图 K 线实体部位时，迎来了下跌当中的一个反弹，虽然这个反弹没有改变下跌行情的整体趋势，仅仅从 1062 美元 / 盎司反弹到了 1079 美元 / 盎司，反弹幅度达到 17 美元 / 盎司。

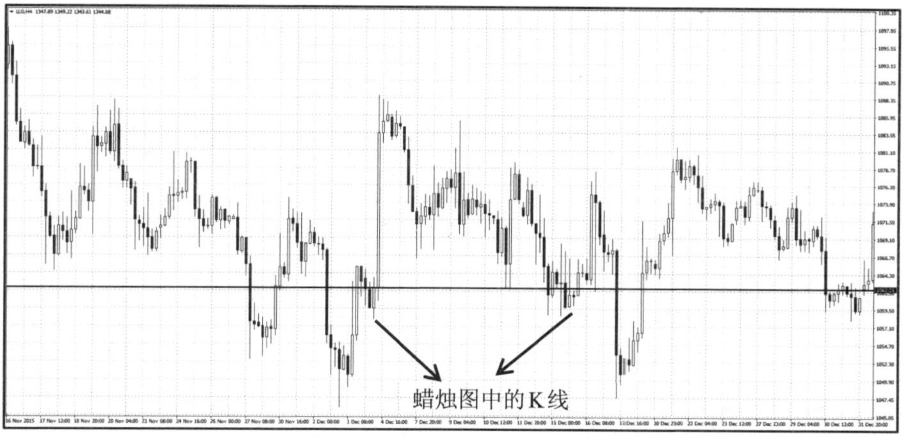

● 图 8-6　2015 年 12 月 4 日—2015 年 12 月 11 日黄金（GOLD）4 小时 K 线

然而，下跌行情当中永远是寻找阻力位置入场，支撑位置不是用来博反弹或者抄底，只是一个获利了结的出口而已。在这波回撤走势当中，当走势首次触及蜡烛 K 线底端时，可以有效地规避追单带来的风险，同样，也是一个不错的将空单减仓和了结的位置。无论是在上升还是在下跌行情当中，单根大阳线的蜡烛图实体位置具备一定的支撑 / 阻力，尤其对于日线短线交易者而言是比较关键的。

同理，上升行情当中，走势回撤时的蜡烛图 K 线实体位置是用来出场的，下跌行情当中则是用来获利了结的，而震荡则是判断区间的重要方法之一。

8.4　均线支撑与均线阻力，分析当下走势

本书第 5 章介绍过均线理论的知识，其实，在平时的交易当中，应用最多的是 5 日、10 日均线，无论是在小时级别走势图、4 小时级别走势图还是在日线走势图方面，走势价格站于均线的上方，则意味着多头占据优势，走势价格处于均线的下方，则意味着空头引领方向。

尤其是在一轮上涨或下跌的走势当中，很多投资者是通过走势靠近均线，依托均线带来的支撑进行交易的。这个方法也是无数投资者习以为常的方法，只是在这个过程当中，每个投资者对均线的速度和力度的判断是不同的，为了更好地运用均线理论，本章结合黄金价格走势图进行分析。

实战分析：如图 8-7 所示，2017 年 4 月 25 日—2017 年 4 月 26 日，在黄金 1 小时 K 线走势图的一波跌势当中，就运用了均线阻力的应用，其实这也是本书第 7 章介绍过的“上升不破 10 日均线，5 入 10 守继续多”和“下跌不破 10 日均线，5 入 10 守继续空”中，均线阻力的运用。

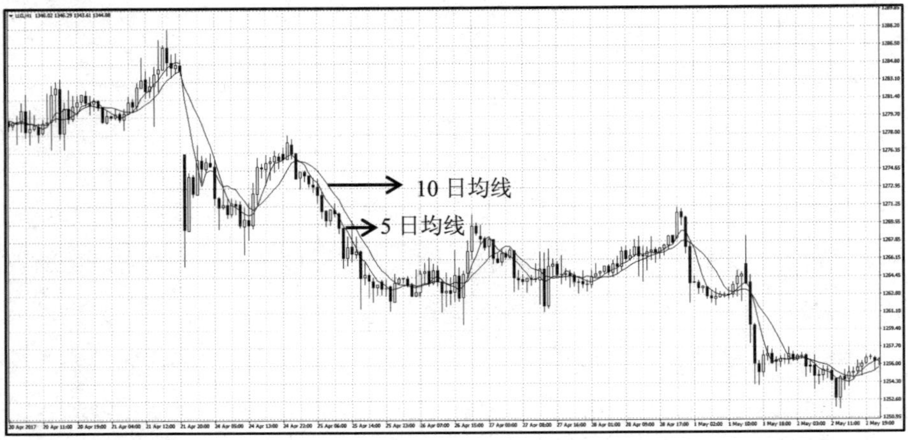

●图 8-7　2017 年 4 月 25 日—2017 年 4 月 26 日黄金（GOLD）1 小时 K 线

在下跌走势中，走势一直是以 10 日均线作为阻力位置，而 5 日均线作为

入场位置的下行。这个过程当中 10 日均线就充当了阻力的作用，只要走势的收盘没有站上 10 日均线，这个阻力就一直有效，一直至最终走势收盘于 10 日均线的上方或者 5 日、10 日均线黏合后向上勾头。

同样，在上涨走势中，走势一直是以 10 日均线作为支撑位置，而 5 日均线作为入场位置的上行。这个过程当中 10 日均线就充当了支撑的作用，只要走势的收盘没有跌破 10 日均线，这个支撑就一直有效，一直至最终走势收盘于 10 日均线的下方或者 5 日、10 日均线黏合后向下勾头。

除此之外，投资者需要注意的是均线与走势的角度和倾斜度。

8.5 顶底转换法，有效判断阻力与支撑

顶底转换法，是判断阻力和支撑最有效的方法，尤其在黄金的交易当中，此种判断方法带来的效果非常明显，应用价值也非常高。

何为顶底转换法？顾名思义原来的顶也就是压力变成了走势突破之后回踩的底部，这发生在上升行情当中，而下跌行情，则只需将顶底转换反过来变成底顶转换即可，也有投资者把这种方法叫做多空转换，其实都是一样的。

当一波走势支撑或阻力长时间压制，经过反复测试之后，走势击穿了此位置带来的支撑或者压力，之后走势的回撤或反弹到了此位置，这时带来的判断效果非常明显。投资者最好能够清晰、明了地找到当下走势将在某个时间或价格区域内受到相反方向的冲击，以便更好地入场或者离场。

顶底转换远比蜡烛图 K 线实体、均线甚至黄金分割线在黄金交易当中的作用更明显，失误的概率更小，无论是在日内交易还是在中期判断当中都起到不可估量的作用。

实战分析：如图 8-8 所示，2017 年 2 月 28 日—2017 年 3 月 10 日，这一轮的下跌走势当中，出现了一个非常经典的底顶转换。当 2017 年 2 月 28 日第一次下跌到 1236 美元 / 盎司的低点位置之后，出现了一次反弹，而之后的走势击穿了 1236 美元 / 盎司的支撑位置，并没有太多时间的停留，一路下跌至 2017 年 3 月 3 日 1223 美元 / 盎司的低点位置。

•图 8-8　2017 年 2 月 28 日—2017 年 3 月 10 日黄金（GOLD）1 小时 K 线（底顶转换）

如图8-8所示，从2017年3月3日1223美元/盎司低点位置的反弹高点，刚好是对之前底部击穿之后的一次完美的转换，原来 1236 美元 / 盎司的底部被破位之后，反弹就形成了顶，这个顶带动了黄金价格走势从 1236 美元 / 盎司开跌，一直跌至 2017 年 3 月 10 日 1195 美元 / 盎司结束，跌幅达到 40 多美元 / 盎司，黄金价格走势非常明确。这就是典型的底顶转换。

实战分析：如图 8-9 所示，2016 年 5 月 26 日—2016 年 6 月 16 日期间，黄金价格走势在下跌转向上涨的行情过程当中，出现了 4 次非常明显的顶底转换，走势均受前期高点压制，回落之后向上突破，当走势站于顶点上方之后的回踩，刚好是之前的高点位置，原有的高点压力被击穿之后就演变成支撑点，推动新一轮的上涨行情。

同样，4 次顶底转换，足以验证在平常交易当中此种走势的普遍性和广泛应用有效性，无论是在上涨还是在下跌的行情当中，原有的压力和支撑将在日内变成新的支撑和阻力，仅需一条线即可判断出当下行情的支撑和阻力，形成的支撑位置成为非常好的狙击点位。

顶底转换在实际操作当中会经常用到，投资者需要记住的是，过去的优势将有可能成为现在的劣势，之前的支撑将有望成为破位后的阻力。

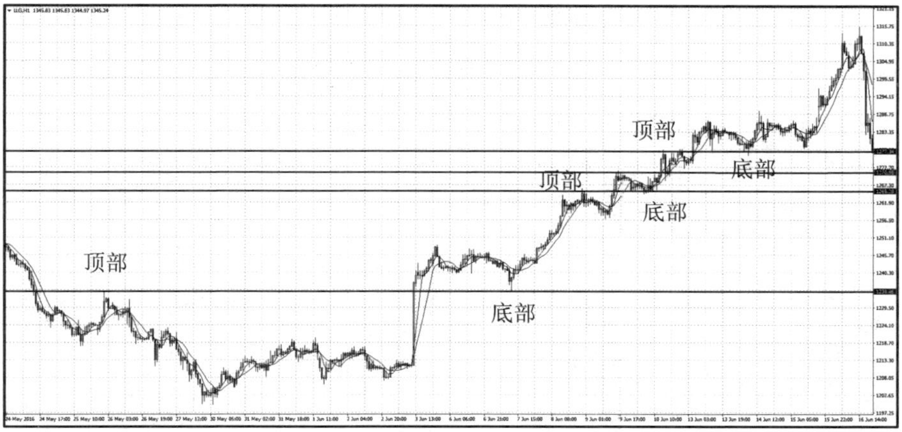

●图 8-9　2016 年 5 月 26 日—2016 年 6 月 16 日黄金（GOLD）
1 小时 K 线（顶底转换）

8.6　趋势通道线多空法，单边走势的搭配

趋势线或者通道线，出现在单边下跌或者上升行情当中。在一轮单边走势行情的运行中，出现高点 A、次高点 B，或者低点 A、次低点 B 的位置，两个点联结形成的线被称为趋势线，其余碰到此条趋势线的点依次被标为：C 点、D 点、E 点……直至此条趋势线失守则失效。

有时候是通道线，有时候是平移线，也有时候就是一条趋势线，其在单边或台阶式的行情当中用来判断阻力和支撑成功的概率比较高。

当走势出现同方向的两个点，这是已知项，未知的则是 C 点甚至 D 点、E 点，测试的次数过多，阻力带来的效果就相应变弱。在这里需要注意的是关于空间和时间上的转换，当此条线形成之后，未知点的确认一定是配合时间和空间的结合，而不是由画线时候的价位来决定的，其趋势线的阻力支撑应用都比较频繁。

本书第 5 章介绍过趋势线的相关知识，这里与黄金价格走势图相结合分析。

实战分析：如图 8-10 所示，2016 年 7 月—2017 年 5 月，这一轮行情当中，走势非常标准地延续了趋势线的阻力形成了回落的行情，当 A、B 点确立之后，C、D、E 三个点都是在趋势线的延伸线上形成了延续，而且级别都不小，最大的一次是 D 点，即美国总统大选的时候，黄金价格走势自 1337 美元 / 盎司跌至 1122 美元 / 盎司的位置，跌幅为 215 美元 / 盎司。这一次的下跌是非常典型的趋势线阻力带动的下跌，当价格触及趋势线位置时，均出现了连续多次的回落行情。

•图 8-10 2016 年 7 月—2017 年 5 月黄金（GOLD）日 K 线

不过，在趋势线阻力的应用当中，对于价格首次触及带来的回落，一定要及时并且果断地入场。交易就是一个不断测试和纠错的过程，而不是等行情回落了再去追，价格走势只要当下时间段内的实体 K 线收线站上此条趋势线，就要及时回撤离场，一旦突破就不能过多地纠结或者持有。这种方法在台阶式的下跌行情当中应用的频率会比较高。

实战分析：如图 8-11 所示，2017 年 1 月—2017 年 5 月期间，黄金价格走势在持续性的台阶式震荡上升行情当中，当走势首次在 A 点 1180 美元 / 盎司以及 B 点 1195 美元 / 盎司形成低点之后，走势从 B 点出现了强势上升，上升回踩的 C 点位置就是 A、B 两点形成的趋势线支撑位置，随后再次推动了黄金价格走势的上升。

●图 8-11　2017 年 1 月—2017 年 5 月黄金（GCLD）4 小时 K 线

这是发生在上升行情当中，当已知 A、B 点之后，形成的延伸线 C 点位置，往往会成为走势回踩确认关键的支撑位置，而这个波动当中有时会出现虚假的破位。虚假破位一般 1—2 美元 / 盎司的波段都在正常的可接受范围之内。投资者在交易当中，可以用趋势通道线的方法来寻求一轮行情当中的支撑和阻力，尤其是当前期黄金走势价格以过山车式的波动为主时，就极易形成趋势线寻求支撑或者阻力的方法。

趋势通道线多空法，也是不少投资者在中短线交易中应用频率比较高的方法之一。

8.7　凌晨高低点，阻击走势阻力与支撑

这种行情的阻力和支撑判断，往往是依托前一天整体行情走势收盘前最后一次反抽的高点或者回撤的低点位置，以此作为支撑或者阻力，主要用于对亚盘时段内行情的判断。

主要是对强势的单边或者弱势的下跌行情的判断，其实这和之前实盘口诀当中“前日强势高位收，凌晨低点是支撑”对入场位置的判断有些相似，但在入场交易或者止损当中要考虑到价格距离支撑位置的空间，允许上下误差在 1—2 美元 / 盎司范围，所以，只要价格靠近此位置就可以当成支撑或者

阻力来操作。

同时，这也是交易当中设置止损时需要考虑的范围，入场点位与止损距离没有必然的联系，而是在合理并且安全的位置才是有效的止损。

实战分析：如图 8-12 所示，2016 年 11 月 30 日，黄金价格走势自 1195 美元 / 盎司持续不断地下跌，当天走了一波单边的行情，而凌晨最后一次下跌的高点则是在 1175.5 美元 / 盎司，次日黄金价格走势反弹此位置之后，再次延续了一波下跌的行情。

• 图 8-12　2016 年 11 月 30 日黄金（GOLD）1 小时 K 线

凌晨的高点位置成为判断次日行情非常关键的阻力点，凌晨高点位置的得失，也直接关系到第二天行情的强弱，只有突破凌晨的高点，下跌才能够阶段性结束。这种判断方法经常应用在单边的下跌行情当中，能够更精准、更有效地寻找到阻力点，而止损的位置最少要放在凌晨高点 1—2 美元 / 盎司的上方为宜。

实战分析：如图 8-13 所示，2017 年 2 月 23 日，黄金价格走势在持续性的上涨之后，形成了当日的单边行情，而凌晨的时候，走势到达顶点之前的最后一次回撤的低点，也就是起涨点在 1246 美元 / 盎司的位置，次日开盘之后黄金价格走势以起涨点 1246 美元 / 盎司作为多空分水岭的位置，继续形成延续性的上涨。在这一波行情当中价格并没有测试到 1246 美元 / 盎司的位置，而是达到 1247.5 美元 / 盎司时，就形成了上涨。

●图 8-13　2017 年 2 月 23 日黄金（GOLD）1 小时 K 线

凌晨低点位置向下 1–2 美元 / 盎司处，可以用来设置止损，而走势在靠近 1246 美元 / 盎司的位置其实都是可以入场交易多单。

投资者只需记一条：不可收破凌晨低点，若破位此位置则意味着行情在阶段性发生了转变，需要及时地调整，无论是在 1250 美元 / 盎司的位置还是在 1248 美元 / 盎司的位置做多，都要在凌晨低点的下方设置止损的位置，虽然止损点与入场点没有必然的关联，但止损的意义在于破位之后整个行情的方向在某个时段内发生了转变。

8.8　箱体震荡，多空交投密集区判断阻力与支撑

箱体震荡，是在市场行情波动当中出现频率极高的一种形态或者走法，行情常常被人们划分为上涨行情、下跌行情和震荡行情三种。而单边的行情往往是由原有的震荡箱体酝酿和演变而成的。

箱体震荡，无疑就是价格处于阻力位置和压力区域反复地修正行情，更多的是时间换空间的一种走法，而震荡行情的边缘往往成为投资者寻求阻力和支撑的位置。如何才能更好地界定箱体震荡的边缘决定了震荡行情交易入场以及离场的点位。

同时，阻力位置以及支撑位置，是由多空交投的密集区域带动的，价格

始终处于上方压力点的下方以及支撑位置的上方运行，有时候会在日线、周线或者阶段性的长时间横盘状态下，俗话说，横盘的长度决定了破位后的高度或者深度，横盘的时间决定了未来上升或者下跌的空间。

当走势没有突破横盘区间之前，投资者需要知道多空防守的点位在哪里，也就是当价格失守或者突破具体的哪个点位时，这个箱体就会被掀翻或者打破，这才是关键所在。

实战分析：如图 8-14 所示，2016 年 11 月 10 日—2016 年 12 月 7 日，在 1 小时级别走势图的一轮持续性下跌行情当中，其实出现了箱体多空交投的行情，而且持续上演了 4 次同级别的箱体。

• 图 8-14　2016 年 11 月 10 日—2016 年 12 月 7 日黄金（GOLD）1 小时 K 线

在这个过程当中，很多投资者习惯于把箱体完全标准化，我认为不用过于将箱体完全标准化，因为市场波动或许不可能十分标准，常见到的则是不太规则的箱体震荡，所以，只要收盘在箱体之内或者没有连续性突破之前箱体形成的框架，那么这个箱体震荡的行情就是成立的。

如图 8-14 所示，走势每一次的横盘都是长时间地在多空交投的密集区域内徘徊，直至打破了这个箱体的底部，走势即而转换到下一个箱体里面运行，而之前的箱体底部支撑位置，就会立刻演变成下一个下跌后形成箱体的压力区域。

这一轮下跌非常具有代表性，持续性的 4 个箱体连续出现，在这个交易过程中，当走势破位箱体之后的反弹确认，则是将相反方向持有的单子平仓并且反手做空，或者在箱体震荡当中，走势破位了箱体的某一个边缘区域。投资者不能有侥幸心理，需要设置止损。一般设置止损是在原有箱体形成高低点的基础上外加 2—3 美元 / 盎司，以防小范围的虚破造成不必要的损失。

实战分析：如图 8-15 所示，2017 年 3 月 20 日—2017 年 4 月 11 日，一波延续性的上升行情当中，也出现了一波箱体的行情，箱体并不是非常明确，很多投资者以为走势在箱体里面震荡上下触碰的次数越多，这个箱体成立的概率就越大或者更标准，但往往投资者会发现只有级别小的行情，才会出现比较频繁并且稍显规则的箱体，而大级别的箱体行情往往不是完全规则化，但不完全规则化的箱体行情也可以进行分析。

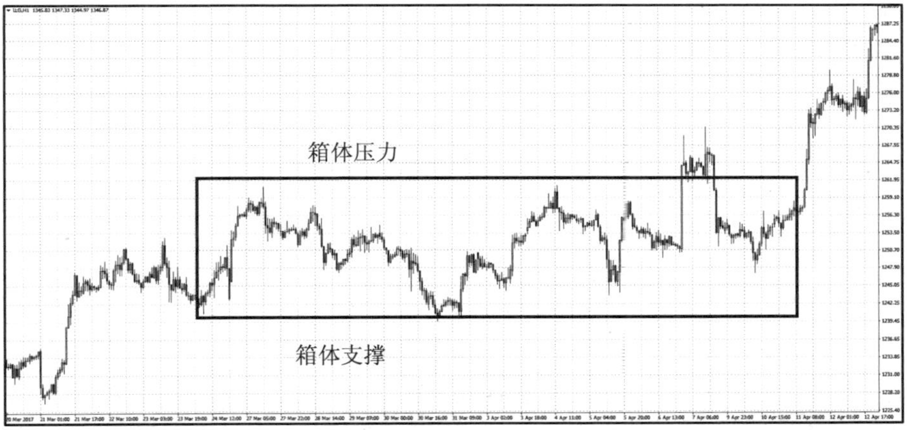

• 图 8-15　2017 年 3 月 20 日—2017 年 4 月 11 日黄金（GOLD）1 小时 K 线

如图 8-15 所示，走势由支撑及压力形成的箱体持续了数十小时，下方回踩两次触碰支撑，上方直至最后一次价格多头向上突破，二次回撤并没有再创新低，最终迎来了一波上升的行情从而打破了原有的震荡。

箱体多空形成的交投密集区，也就成为交易入场的理想点位，箱体震荡的行情往往和收敛三角形相混合形成，这个过程中一定要考虑走势虚破造成的上、下影线，这也是在上升行情当中走势缓冲形成的震荡修正。

其实行情从极强向极弱，或者从极弱向极强的转变，中间都会有一波箱体震荡的行情来过渡。所以，上升行情当中找箱体底部尽量做多，下跌行情则要找箱体高点尽量做空，因为箱体往往会缓解趋势或者酝酿趋势，但很少改变趋势，需要考验投资者的盘感以及对行情大方向判断的能力。

第 9 章

现货黄金的止损和风险管理

现货黄金的杠杆比例通常来讲是 1 比 100 倍，在如此高的杠杆比例下，收益和亏损是一样放大的。投资者在追求高收益的同时，一定要设置止损，并且小心潜在的风险。

在本书第 9 章中介绍了一些利用技术手段进行止损的方式，本章主要从交易心理的角度介绍止损的必要性和方法。

想要成为一名有经验的、成功的投资者，除了需要止损外，还需要有一套自己的投资风险管理方法。

本章导读：

- 跳出止损误区，理性认识止损
- 止损的必要性，学会控制心智
- 现货黄金投资如何设置止损节点
- 止盈的重要性，学会落袋为安
- 现货黄金投资如何设置止盈节点
- 现货黄金投资中常见的风险管控
- 现货黄金的生存之本：资金管理

9.1 跳出止损误区，理性认识止损

止损也叫“割肉”，是指当某一投资出现的亏损达到预定数额时，及时斩仓出局，以避免形成更大的亏损。其目的就在于投资失误时把损失限定在较小的范围内。

现货黄金的杠杆比例高达 100 倍，高杠杆降低了投资者的投资门槛，增加了投资者的收益。但是，很多投资者在投资的过程中，不仅将重点放在收益率上，漠视风险，更不会关注止损的问题，而且还对止损产生了误区。

1. 误区一：止损没有作用

认为止损是没有用的，通常存在以下两种情况中。一种情况是，市场的不确定性和价格的波动性决定了止损常常是错误的。投资者在交易过程中，如果止损对了，便会窃喜，如果止损错了，则不仅会有资金减少的痛苦，更会有一种被愚弄的痛苦。于是，很多投资者便认为止损是没有用的。另一种情况是，投资新手常常会认为自己拥有充足的理论知识，不害怕交易市场带来的损失。

这里，对止损有误解的投资者应该正确理解止损，甚至正确理解“错误的止损”。面对错误的止损，投资者也应该坦然接受，因为任何一个投资者都不能够保证每次的止损都是正确的。

对投资新手（即便拥有熟练的理论知识）来说，市场中的风险是时时刻刻存在的，加之黄金市场的高杠杆，设置止损就等于设置了一条防线。

2. 误区二：频繁止损有作用

有些投资者因为不及时止损而遭受损失，吸取了教训后，便开始严格制订止损原则和计划。于是，很容易催生出一种“一朝被蛇咬，十年怕井绳”的过度防范心理，以致走入另一个极端——设置止损时没有规律，频繁损失，

频繁止损。

频繁的止损却不一定有作用。频繁的止损有时候会让投资者错失盈利机会，损失积少成多，最终也会造成巨大亏损，被迫出局。

3. 误区三：进行止损，不如等待行情逆转

有“进行止损，不如等待行情逆转”这种想法的投资者，在投资操作中往往是优柔寡断的。投资者在出现损失时，往往会优柔寡断、心存侥幸、心理不平衡，应该进行止损的时候，放弃执行止损计划，并希望通过拖延来等待行情的扭转，把损失“拖”回来。

特别是在损失巨大时，投资者会因为心理上难以承受，希望通过拖延来减小损失幅度，但后果往往是造成更大的损失。

9.2 止损的必要性，学会控制心智

外汇现货黄金交易既是一种投资活动，又是一种心智活动，它很具刺激性。在现货黄金的交易市场中，止损是至关重要的，但很多投资者却被贪婪和恐惧的交易心智打败了。

9.2.1 心智对投资者交易和止损产生影响

心智是指人们对已知事物的沉淀和储存，通过生物反应而实现动因的一种能力总和。它涵盖了“哲学”对已知事物的积累和储存，结合了“生物学”的大脑信息处理，即“生物反应”，运用了为实现某种欲望（动因）而从事的“心理”活动，从而达到为实现动因结果而必须产生的智能力和“潜能”力。

若将心智放在投资者身上来说，是投资者如感受、观察、理解、判断、选择、记忆、想象、假设、推理等各项思维的总和反映到心理的过程。通常情况下，投资者会用此来指导其后续的投资行为，即投资失败产生后悔和恐惧的情绪，将这种情绪带入投资中。

投资者在上一次投资失败之后，带来了后悔和恐惧的情绪，而当其在下一次投资交易中进行止损时，不一定会止损出场，但投资者联想到上一次投

资失败的后悔和恐惧的情绪，于是，其大脑就会把后悔与恐惧的情绪和下一次设置止损联想在一起。

这种现象对投资者来说是较为普遍存在的，其根本原因就是投资者的心智具有一种天生设计的特性，会使其把外在环境存在的东西联想为存在其心里的记忆或认知的性质、特性、本性或特征之类的东西。

只要具备足够的相似性，投资者就会进行妄想，因为妄想是投资者自动发生的无意识心智功能，不是其能够考虑或决定的事情。

在现货黄金的投资中，投资者很难战胜自己心智中的贪婪和恐惧，就容易出现以下两种情况。第一种情况：单做对了，赚取了利润，又害怕利润亏损，会选择平仓出局。第二种情况：亏损的时候心里总有看跌的想法，即也许走势涨不了几个点，很快就会下来的，走势真的下跌后，投资者便难以承受，就会选择锁仓，或者选择出场，其结果就是赚小赔大。

现货黄金市场不是投资者自己能操控的，操作错误是难免的，做每一单之前要进行止损的同时，还要进行心智的整理。

在现货黄金的投资市场中，控制“心”的能力，其重要性远超过如何运用“脑”。投资者必须抛开这种“必须获利”的情绪。如果进行止损后，预期中的事件没有发生，投资者可放平心态。

如果进行止损后，预期中的事件已经发生，投资者应以客观的心态处理未平仓合约。

作为投资者，所面对的是不为我们意志所转移的庞大的资金市场，金融市场上的风起云涌不仅潜藏着巨大的盈利空间，也存在投资者血本无归的风险，所以止损至关重要。

需要明确的是，现货黄金的市场永远存在机会，但一旦血本无归，投资者将丧失再次寻找机会的能力。因此，为了有效地设置止损，投资者心智的塑造也至关重要。

9.2.2 塑造心智系统，稳定交易心态

由于没有稳定的心智系统，会使得投资者带有情绪的交易和止损的次数越来越多，并陷入恶性循环，即使这一次没有亏损，也会在下一次交易或者

止损中产生后悔、恐惧等交易妄想。

对于这种带有负面能量的妄想，投资者需要做的就是，将这种负面的力量转化为“新的思想系统的动力”，然后在“新的思想系统”中诞生出理智的力量，在下一次的交易过程中按照交易计划设置止损、进行交易。

1. 妥善管理自己的情绪

人的情绪包括很多种，恐惧、后悔、悲伤、愉快、兴奋、愤怒等，这里将这些情绪进行积极和消极的分类，愉快和兴奋为积极的情绪，恐惧、后悔、悲伤、愤怒为消极的情绪。

对于盈利之后产生的情绪，以及亏损之后产生的情绪，投资者都应该客观地看待，并且要保持足够的理性心理，不能因为亏损而失去的理性的交易。

2. 不要把心态押注在每一笔交易上

盈亏就像坐过山车，有高峰，也有低谷。这意味着，无论眼下是好是坏，都只是暂时的。而行情就是一个大舞台，投资者是需要某种信念来激励和约束的，在交易时不要幻想每一笔交易总是那么圆满，盈亏需要平衡，得失也需要感受。

往往许多行情都如此，当投资者刻意追逐它时，它就会跑得飞快。当投资者为了策略，为了计划，专心致力于每一波行情时，有些利润反而能轻易地得到。

所以，投资者不要把心态押注在每一笔交易上，应该塑造交易计划和投资规划，即使看不清行情，不知道真正投资的方向，当投资者能控制自己的情绪和心态时，也就获得了某种意义上的成功。

3. 破除交易妄想

投资者遭受损失时，这种交易妄想便显现出来。投资者群体的信息传导效应和环境压力会对其行为产生趋同和放大，使其恐惧、后悔等交易妄想突发，而过度的妄想感很容易导致投资者在非理性情况下做出错误的决策。

市场中的技术与消息往往是充满矛盾的，投资者需要少说话多倾听，更需要破除交易妄想，而破除交易妄想最好的办法就是理性地认清自己，认清当下的市场环境，以及认清行情趋势，并保持乐观且淡然的心态。

9.3 现货黄金投资如何设置止损节点

我们知道，面对难以掌握以及充满风险的现货黄金市场，很多时候投资者做出的选择无法确定是否正确，所以，止损是有必要的。

通常止损位置的设立方式有以下三种形式。

1. 在重要支持位或阻力位被突破后止损

这种止损方法是投资者在实战操作中最常采用的操作模式。投资者在这个位置止损出局的比率非常高。值得投资者注意的是，通过“在重要支持位或阻力位被突破后止损”的方式，有时候会出现价格走势反转的形态。

在重要的支持位或阻力位设置止损，主要是价格较长时间停留的密集成交区；较长时间范围内的价格高点或低点，在这些位置设置止损是因为有些大的投机资金可以预测到市场投资者大概的止损价位，并故意在某些价位大量撮合成交，形成有较强支持或阻力的假象，然后凭借资金优势击穿这些位置，在止损盘出现后反向操作获利。

以及趋势线、黄金分割线或均线系统等提供的位置，而趋势线、均线系统、黄金分割线等提供的支持或阻力位置本身就有较大的主观性，所以，在这些位置设置止损节点是一部分投资者采用的方式。

2. 达到绝对金额亏损度后止损

达到绝对金额亏损度后止损是有优势的，即突出了资金管理原则，从概率上统计，操作时间越长止损越明显。

投资者设立进场部位的资金最大亏损额度，一般为所占用资金的5%-20%，当在操作过程中达到亏损额度，无论是何价位，都会立即止损离场。

同时，不同的操作时间段要采用不同的止损额度，投资者设立的止损额度必须在市场中得到概率的验证，而想要得到验证，就需要投资者做大量的统计和分析工作，确定操作策略，寻找适合自己操作风格的最佳止损额度。

3. 投资者达到自我的忍耐限度时进行止损

“投资者达到自我的忍耐限度时进行止损”的方式，是投资新手经常采用的方法，也就是当投资者的头寸部位出现亏损时，只要投资者的内心能承受得住，投资者就可以守住当下的部位，否则立刻止损出场。

以上这三种止损方式经常被投资者采用，但投资者具体采用哪一种，需要根据其自身的操作水平和实战经验进行设定，还需要其结合现货黄金的当下行情进行判断。

9.4 止盈的重要性，学会落袋为安

在现货黄金交易中，我们常说“何时入场不那么重要，何时出场才至关重要”。因为价格走势是波动的，浮动盈亏是随时变化的，出场的时机是最后的结算步骤，关系到能否做到“利益最大化”或“损失最小化”，而出场的方法无外乎止盈和止损。因此，如何设置止盈止损极为重要，其意义之大并不亚于趋势的判定。

在现货黄金交易中，常常会出现“止损容易，止盈难”的情况。很多投资者在一个交易单中，亏损超过几十美元后就停止交易，而在一个交易单中，盈利几十美元或者几百美元却迟迟不止盈，为什么会出现这种状况呢？原因有以下两点。

（1）止损时的心态：当投资者亏损几十上百美元时，由于害怕亏损得更多，就赶紧平仓，停止交易。

（2）止盈时的心态：当投资者盈利几十上百美元时，由于贪婪的心理，想要赚取更多资金，不采取任何止盈的策略。

导致上述两种情况的出现，我认为其根本原因在于对盈亏失去权衡。尤其是在盈利上，很多投资者变得贪得无厌，而错过了止盈的好时机。

投资者一旦获得了预期之外的盈利，就会激起一种贪婪的侥幸心理，既期待能有一波上涨行情赚取更多的利润，又对将要产生的亏损熟视无睹，结果造成了不可挽回的损失。

不支持一开始盈利就马上平仓的行为，但是遇到下述两种情况时，投资者就应该采取止盈策略。

第一种状况：当现货黄金投资者手里的持仓有一定浮盈时，往往会为何时平仓套现保住利润而犹豫不决。

第二种状况：投资者赚取的利润超出了预期，或者超出了过多预期。

无论是哪一种情况，投资者都应该做到心中有数。如果投资者在交易之前就有详细的交易计划，当获利达到预先设定的目标时，投资者就应立刻止盈，锁定盈利。

同时，投资者必须认识到现货黄金投资的终极目标是获取利润，而不是亏钱，充分掌握现货黄金投资如何止盈，切勿让本来盈利的仓位变为亏损。

9.5 现货黄金投资如何设置止盈节点

在现货黄金市场中进行投资，不是投资者一次能够赚取多少，而是投资者能不能稳定地获利，长久地在现货黄金的市场上获利。

有些投资者说市场波动中有约 70% 的时间都是震荡的，只有约 30% 的时间是单边上冲或者下跌，若是长时间地不采取止盈的策略，那么亏损也是在所难免的。

就如同有些投资者总想一次就满仓冲进去做个大行情、发大财，而且还不进行止盈，最后可能由于不及时离场使到手的利润又成为泡影，或者行情反转而出现大额亏损。

假如一个投资者一个月的收益是 20%，但这 20% 的收益往往不是在仅有的一次投资中赚取的，应该是在数次的投资中赚取的，在投资中设置止盈，将收益平均化，这才是理性的投资、理性的交易。

所以，理性地严格设置止盈，日积月累地收益才是稳健投资之道。这里介绍三种常见的止盈设置方法。

1. 根据压力和支撑来设置止盈

与止损的方式相同，这种止盈方法是投资者在实战操作中最常采用的操作模式。

其原理是基于“压力和支撑的破坏意味着既定的单边行情的延续，压力和支撑的坚守意味着既定的单边行情的结束”。

简单来说，空单止盈设于支撑位附近；多单止盈设于压力位附近，但这种止盈设置方法最为重要的是能够正确地寻找压力和支撑。

2. 根据盈亏比来设置止盈

盈亏比是单笔交易的盈利和亏损的比例。我们都知道在正确率既定的情况下，越科学的盈亏比，最终的交易结果越理想。

假如将正确率定为 50%，那么盈亏概率对半开的情况下，能够统计出的不同盈亏比下的交易结果：盈亏比越大，盈利越大；交易手数越多，盈利越大；点差越小，对交易结果越有利。

3. 根据正确率来设置止盈

“根据盈亏比来设置止盈”的止盈方法是很多有经验的投资者所采用的，也就是正确率作为定量来权衡盈亏比的重要性，但若是在不同的正确率下，也就是不将正确率定为 50%，如果能确保最终交易盈利，对最低的盈亏比要求是多少呢？

答案即正确率越高，对最低盈亏比的要求越低；点差越高，对最低盈亏比的要求越高；交易次数越多，正确率越贴近于真实水平。

这里，需要投资者注意的是，“根据压力和支撑来设置止盈”“根据盈亏比来设置止盈”，以及“根据正确率来设置止盈”这三种止盈方法要注意融会贯通、配合使用，还要与现货黄金的行情相结合。

9.6 现货黄金投资中常见的风险管控

理论上来说，市场上风险和收益永远是成正比的。相对于股票等其他投资产品来讲，由于黄金市场比较规范，符合经济规律，并且黄金市场巨大，不容易被控制，所以资深投资者更容易把握黄金市场的趋势和波动。由此可见，黄金投资的风险是相对较小的，但并不是不存在风险。

风险是客观存在的、不可避免的，并在一定条件下还带有某些规律性。所以，投资者只能试图将风险减小到最低的限度，而不可能完全避免或消除。

9.6.1 认识投资风险，熟悉投资风险

在现货黄金的投资市场中降低风险的最有效方法就是要意识到并认可风险的存在，积极地去面对、去寻找，才能够有效地控制风险，将风险降低到最小限度，并对风险进行识别、衡量分析，在此基础上有效地处置和规避风险，降低由风险带来的损失。

一般来说，现货黄金的投资市场中的风险具有以下特征。

1. 投资风险具有客观性

现货黄金的投资风险具有一定的客观性，因为风险不会因投资者的主观意愿而消逝。现货黄金市场中的投资风险，还有可能是由不确定的因素作用形成的，而这些不确定因素是客观存在的，单独投资者不能够控制所有投资环节，更无法预期到未来影响黄金价格因素的变化。

2. 投资风险具有可预见性

正如第 3 章和第 4 章中介绍的内容，影响黄金价格波动的因素有很多，例如，原油和美元的走势，战争的因素，美联储加息事件，等等，都将影响黄金价格的波动，对这些因素的分析对黄金投资的操作而言具有一定的可预见性。投资者要理性并且客观者分析这些影响黄金价格波动的因素，这会为投资操作提供一定的指引作用。

3. 投资风险具有相对性和可变性

黄金投资的风险是相对于投资者而言的，有经验的投资者和没有经验的投资者是截然不同的，但潜在的风险都是一样的，只是承受风险的能力不同。

对没有经验的投资者来说，他们不是十分熟悉现货黄金的市场环境，在现货黄金的操作中熟练的实战经验也较少，相对来说能够承受和面对的风险较少。

对有经验的投资者来说，他们熟悉现货黄金的市场环境，在现货黄金的操作中有熟练的实战经验，相对来说能够承受和面对的风险较多。

所以风险不可一概而论，有很强的相对性。

同时，投资风险的可变性也是很强的。影响黄金价格的因素在发生变化的过程中，会对投资者的资金造成盈利或亏损的影响，并且有可能出现盈利和亏损的反复变化。投资风险会根据客户资金的盈亏增大、减小，但这种风险不会完全消失。

4. 投资风险具有并存性

现货黄金的投资者在进入投资市场后，一定要有投资风险的意识，因为在投资市场中，收益和风险始终是并存的。

多数投资者首先是从一种负面的角度来考虑风险的，甚至认为有风险就会发生亏损。正是由于风险具有消极的、负面的不确定因素，致使许多投资者不敢正视投资市场，也无法客观地看待和面对投资市场，以至于无法以正常的心态进行交易。

9.6.2 增强风险管理意识，保持良好投资心态

根据现货黄金市场中风险的特性来看，风险是每个投资者都能够遇见的，而风险管控是每个投资者必须进行重视的。

投资者如果没有风险管理的意识，会使资金出现危机，失去盈利的机会。若是具有风险管理的意识，相对来讲，投资者对当下的交易更有自信。

所以，投资者是否具备管理风险的意识，对日后交易是十分重要的。

1. 具有风险管理的意识，有利于降低投资的风险率

在现货黄金的投资市场中，投资者使用风险管理，可以合理有效地调配资金，把损失降到最低限度，将风险最小化，有利于为投资者创造更多的获利机会，从而达到降低投资风险的目的。

2. 具有风险管理的意识，有助于保持良好的投资心态

“具有风险管理的意识，有助于保持良好的投资心态”这一点对投资者来说非常重要。投资者在资金操作过程中，难免因为失误而造成资金的亏损。

投资者如果能够合理地控制风险，当出现亏损时便有助于其保持良好的投资心态，可以使其减少情绪慌乱中的盲目操作，从而有助于降低连续亏损

的可能性。

9.6.3 学习风险管控方法，稳赚投资市场

了解了现货黄金市场中的风险特性和风险管控的重要性，这里介绍 5 种风险管控的方法。

1. 把握建仓点位、斩仓和获利

选择适当的价格以及时机建仓进场是盈利的前提，如果投资者入市的时机较好，获利的机会就大。相反，如果投资者入市的时机不当，获利的机会就相对较小。

“斩仓”是在建立头寸后，突遇现货黄金行情下跌时，为防止亏损过高而采取的平盘止损措施，也就是本章第 1—3 节中介绍的止损。

面对下跌的行情，有时候投资者存在侥幸心理，坚持等待，希望价格回头，但此时“获利”的时机比较难掌握。于是在建立头寸后，当价格已朝着对投资者有利的方向发展时，平盘就可以获利。所以，在现货黄金的投资市场中，掌握获利的时机十分重要。平盘太早，获利不多；平盘太晚，可能延误了时机，价格走势发生逆转，不盈反亏。

2. 利用“金字塔”方式进行加码

“金字塔”加码是指在第一次买入现货黄金之后，价格上升，眼看投资正确，若想加码增加投资，投资者应当遵循每次加码的数量比上次少的原则。

这样逐次加码数会越来越少，就如“金字塔”一样，因为价格越高，接近行情上涨顶峰的可能性越大，随之带来的危险也就会越大。

3. 不要盲目追求整数点获利

现货黄金投资中，有些投资者会为了强争几个点而延误后续的操作，比如在投资之前，建立好头寸后，定下一个盈利目标，即赚够 50 个点或 80 个点等，而行情也往趋势好的方向发展，甚至有几次价格已经接近目标，但只是还差几个点未到投资者设定的盈利目标，投资者在等待与怀疑中错过了最好的价位，而行情再也没有突破之前没有抓住的点位，使得本来可以平盘获利，变成错失良机。

4. 不要在赔钱时加码

在买入或卖出现货黄金后，遇到市场突然以相反的方向急进时，有些投资者会想加码再做，但这是很危险的。

当现货黄金行情连续上涨一段时间后，投资者追高买进了现货黄金；突然行情扭转，猛跌向下，由于投资者不想在此忍受亏损，想在低价位加码买一单，企图拉低头一单的亏损，并在黄金价反弹时，两个单一起进行平仓，避免亏损。

这种加码做法要特别小心使用。如果黄金已经上升了一段时间，投资者买的可能是一个顶，如果越跌越买，连续加码，但现货黄金的行情总回落，那么结果极大可能导致亏损。

5. 获利几次后，可将部分利润提取，以备急时之需

这种风险控制的方法，是从资金方面来制订的，当投资者获利较大时，可以选择将利润的部分变现。这个举动的出发点是为了克服投资者贪婪的心态。一旦获利很多，并且超出预期，那么投资者可以将获得的利润部分变现金，剩下本金继续持仓，以后就可以按剩下的本金来操作。

若是投资者在连续几次的操作中都稳定获利，且获利较大，那么这种情况很有可能是原先的行情趋势已经运行很久了，市场中的潜在风险较大，所以，投资者应该小心行情趋势翻转向下，因为不可能有永远的单边市，既然有上涨的单边市，就会有下跌的单边市。

9.7 现货黄金的生存之本：资金管理

当交易单做对了方向，就通过增加头寸来扩大收益，如果错了方向，就要立刻降低亏损头寸仓位，管理账户的整体风险。

当然，强调资金管理的重要性，并非认为对行情的研究与把握可以轻视，因为如果投资者买卖信号的成功率很低，那么再好的资金管理也很难改变交易的结果——资金管理改变的只是账户资金运行轨迹的幅度，无法改变其运行的方向。

可以说，高的获胜率不一定能够带来高的报酬率，而低的获胜率却有可能带来高的报酬率。

投资现货黄金时，即便有很高的获胜率，也不一定有很高的报酬率。这里以投资者 A 和投资者 B 为例进行分析。

以 10 次交易为例，投资者 A 拥有较高的交易成功率，在某段时间内胜率甚至能达到 80%，如表 9–1 所示。

表 9–1　投资者 A 的 10 次交易结果

	单笔交易结果	单笔交易盈亏金额（美元）
投资者 A	盈利	4000
	盈利	3000
	盈利	2800
	亏损	−10000
	盈利	3000
	盈利	4000
	盈利	2300
	亏损	−18000
	盈利	2000
	亏损	−4400
交易总次数（次）	10	
交易总亏损金额（美元）	11300	

观察投资者 A 的交易状况，能够看出，虽然投资者 A 拥有较高的交易成功率，但单笔亏损总是很大，而单笔盈利则相对较小。综合来说，投资者 A 的获胜率很高，但是报酬率较低。

投资者 B 的交易结果与投资者 A 不同，投资者 B 的交易成功率则较低，但是单笔盈利很大，很多时候，单笔最大盈利是单笔最大亏损的两倍，如表 9–2 所示。

表 9–2　投资者 B 的 10 次交易结果

	单笔交易结果	单笔交易盈亏金额（美元）
投资者 B	亏损	−4000
	盈利	8000
	亏损	−2800

续表

投资者 B	亏损	-3000
	盈利	9000
	亏损	-3000
	亏损	-1300
	亏损	-2000
	亏损	-1000
	盈利	7000
交易总次数（次）	10	
交易总盈利金额（美元）	6900	

观察投资者 B 的交易状况，能够看出，虽然投资者 B 拥有的交易成功率不高，但单笔盈利总是很大，而单笔亏损则相对较小。综合来说，投资者 B 的获胜率不高，但是报酬率较高。

通过对比投资者 A 与投资者 B 的投资结果能够看出，即使一个交易者连续盈利 10 笔单，平均每单盈利 50 点，接着一笔亏损却损失了 900 点，那么此前的一切盈利也会化为乌有。

所以，很多投资者交易中喜欢追求准确率，但往往忽视了重要的盈利率。比如交易 10 单，正确交易的是 7 单，错误交易的是 3 单，准确率是 70%。但是，若是从报酬率来进行核算，交易错误的 3 单比交易正确的 7 单亏损还要多，正如投资者 A 的投资结果，综合来说是亏损的。

现在我们要做的就是提高盈利率，拿交易 10 单来说，投资者每次 5 个点的止损，哪怕前面五六次都是错的，只要抓住 2—3 次机会 20—30 个点的利润那么最后算下来也是盈利的，如表 9-3 所示。

表 9-3　资金仓位管理办法

仓位回撤	假设原始资金 1000USD	每次承受亏损金额	每次对应操作手数（手 / 次）	极端次数亏损笔数（次）	资金占比
10%	1000	100	0.2	10	1%
20%	2000	200	0.4	10	2%
30%	3000	300	0.6	10	3%
40%	4000	400	0.8	10	4%

比如，投资者用一万美元来操作。投资者能承受的资金最大回撤（最大亏损）是 10%（1000 美元），以最极端的亏损来说，即以连续亏损 10 次、每次止损 5 个点来算，那么就是每次用 0.2 手来交易，每次亏损 100 美元，这样连续亏损 10 次才是投资者所承受的最大亏损。按照这种方法来操作仓位的控制，每次交易 0.2 手即可。

综合来说，上资金占比需要投资者按照个人拥有的交易资金以及相应承受的回撤来计算手数，当资金回撤抵达回撤比例时便停止交易。另外，当资金盈利达到 15%—20% 时，最好停止交易，重新规划交易手数。

另外，需要注意的是，以上内容是以一个概念性的数据来推理，而在真正的交易过程中，同样的资金每个投资者对资金回撤的承受能力不同，以及极端交易情况的数次不同，其导致的最终交易的风控体系也是随机变化的。这个极端交易亏损手数数据统计的时间周期越长，越有参考的意义，而时间周期越短，可参考的作用越小。

所以，一个真正稳定盈利的过程，不仅单靠成功率，而且需要有好的盈亏比、好的执行力。

盈利 = 成功率 + 盈利率 + 执行率。这三者的有效结果，才能让账面出现稳步有序的上升，三者之间互相牵制，缺一不可。再高的成功率没有盈利率是不行的，再好的盈利率过低的成功率也是徒劳的，好的成功率和盈利率，却没有执行一切都是空谈。

第 10 章

抓住策略，抓住现货黄金，抓住未来

我国贵金属投资市场的发展日渐成熟，我国市场庞大的黄金投资内需以及金融市场的不断完善，注定我国贵金属投资市场将存在美好的前景。

我国参与黄金市场的投资者越来越多，而国际投资者对参与我国黄金投资也非常期待，现货黄金就是投资者可以尝试的渠道，将本书介绍的黄金实盘口诀的技术面知识与影响黄金价格的基础面知识，以及影响投资的心理因素相结合，抓住现货黄金的投资趋势和潜在利润。

本章导读：

➤ 贵金属市场催熟中国贵金属市场

➤ 现货黄金市场有利可追

➤ 黄金是风险资产的“保护伞”

➤ 投资策略确保投资收益率

10.1 贵金属市场催熟中国贵金属市场

贵金属是一个笼统的称呼，具体而言，包括黄金、白银、铂金、钯金四种金属。贵金属在海外公开交易的历史由来已久，其作为重要的风险对冲工具以及另类投资标的，是全球交易最活跃、交易量最大的大宗商品。

随着贵金属市场的成熟发展，投资者也越来越看好贵金属市场，突出了投资贵金属的重要性，如图 10-1 所示。

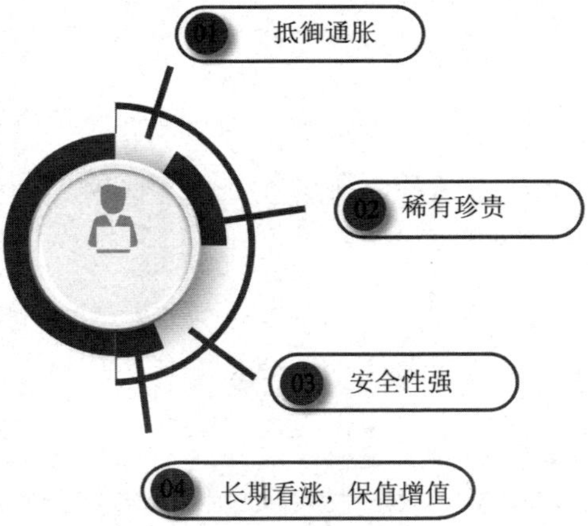

• 图 10-1　投资贵金属的重要性

1. 抵御通胀

在后金融危机时代，美国等大国为了刺激经济复苏，相继出台量化宽松政策，由此导致全球范围内的通胀压力升高。在生活中，投资者也可以感受到，手里现金的购买能力在逐渐下降，导致投资者转向投资黄金、白银，因为黄金、白银本身拥有的价值以及相对应的增值远远超过通货膨胀幅度，所以在一定程度上可以抵御通胀和货币贬值。

2. 稀有珍贵

黄金、白银之所以贵，是因为世界上这些金属的储量少，也就是人们口中的“物以稀为贵”，但事实上，它也只是一种金属而已，如果世界上铜的产量比黄金低，那么铜的价值就要比黄金值钱。

全球黄金每年的开采量都极有限，根据《全球黄金年鉴 2017》（中文版）资料显示，2016 年全球黄金产量达到 3255 吨，但 2016 年黄金产量增速放缓，同比仅增长 1.1%。

现在各国的黄金需求却不断上升，各个国家对黄金的消费需求和投资需求不断增大，同时各国央行也都大举买入黄金增加储备。

于是，日益减少的产量和旺盛的市场需求之间的不平衡，给黄金、白银投资提供了较大的升值空间。

3. 安全性强

在本书的第 1 章中讲过，一般的投资性资产如股票、债券、基金、房地产等的价格会随市场变化有很大波动，而且都有可能被认为性操纵。

黄金市场由于其全球性而不会出现这种情况，这为黄金投资者提供了较大的保障。同时，黄金、白银的保值特性也使它可以作为资产配置中较为安全稳定的部分来分散投资风险，所以，投资贵金属也较为稳定。

4. 长期看涨，保值增值

在资产配置和保值的篮子中，贵金属投资成为必不可少的一项选择。这几年贵金属投资热度也在持续增加，因为单纯的贵金属只有保值作用，而贵金属衍生品更具有投资升值作用，黄金、白银的长期价格上涨空间被全球投资者看好。

虽然相比较国外贵金属市场的发展，贵金属在中国市场化交易的历史较为短暂，但是经历多年的发展后，中国贵金属市场逐渐开放。2002 年 10 月，上海黄金交易所的正式开业，标志着中国贵金属市场完成了市场化改革，自从贵金属业务针对个人放开以后，贵金属投资开始飞速地发展。

自 2007 年 12 月以来，我国金融市场全面开放，国家对金银管制进一步放开，目前白银、黄金这个新兴投资市场已经迅速膨胀，个人炒黄金、白银业务不断发展，贵金属投资已经成为一个越来越热门的话题。

随着我国金融市场交易制度和监管制度的不断完善，以及我国贵金属延期交易的出现，提高了贵金属投资的渠道。外盘成功进入也给投资现货白银、现货黄金的投资者多了一个选择，加上我国黄金产量位居世界前列，现货白银、现货黄金也在逐渐成为热门投资渠道。

综合来说，国外贵金属市场的成熟发展，对我国贵金属市场的发展带来了促进的作用。

1. 贵金属市场带动我国贵金属市场发展，为我国投资市场带来新活力

以贵金属市场中的黄金市场为例，黄金金融的创新发展可以成为其他创新的试验田，同时，黄金的金融属性以及组合所隐含的独特的利率、汇率特性，直接加入了投资理财市场工具中，为我国投资市场带来新活力，促进了我国现货黄金以及衍生品的二次金融产品的发展。

2. 增加贵金属市场的流动性，开发贵金属投资的属性功能

缺少流动的贵金属市场是没有应用价值的，我国贵金属市场充分利用了国内外贵金属市场的联动，以及远期流动性的提供，有利于形成我国贵金属市场多元投资工具结构，并且重点开发贵金属投资属性的功能是创造贵金属市场流动性价值的前提。

3. 提升交易信用，引入竞争机制，降低服务成本，提高服务效率

在现货市场、银行市场的基础上，建立贵金属交易场所，加大竞争，有助于保障更多的交易品种健康发展，同时，还要确保更好的风险控制、风险监控的机制信用安全体系，使得我国贵金属市场稳定发展。

10.2 现货黄金市场有利可追

在本章的第一节中介绍过，根据《全球黄金年鉴 2017》(中文版) 资料显示，2016 年全球黄金产量达到 3255 吨，这个产量连续 7 年创下历史新高，而 2016 年黄金矿产量增加的原因一方面得益于多座新矿山的相继投产，另一方面是因为黄金生产成本进一步下降和黄金价格持续上涨。

可见，黄金的开采量是巨大的，也是与需求量相联系的，更体现了贵金属市场具有优势。

1. 贵金属市场具有前景广阔、获利丰厚的投资优势

贵金属市场前景广阔，利润丰厚，双向买卖，可做多做空，涨跌均有获利机会，风险自行控制，有限价、止损等可以保障。

2. 贵金属具有交易简便、变现快捷的投资优势

与股票的单向交易制度相比，现货黄金交易简便、变现快捷、即时交易、100% 成交，具有灵活性，双向无限时交易。

3. 贵金属市场具有利好的投资趋势

股票、房地产等投资理财产品在我国的发展比贵金属市场早很多，随着我国贵金属市场的开展和发展，将日益凸显贵金属的避险功能和投资价值。

4. 贵金属市场具有成交量巨大、国际性交易的投资市场

从全球的贵金属市场来看，贵金属成交量巨大，且是国际性交易，依照的是国际贵金属市场行情，按照国际惯例进行报价，价格公开透明。

从上述贵金属的投资优势来看，贵金属市场具有潜在的利润，自然就包含了贵金属市场中的现货黄金。在本书 1.7 节中，介绍过现货黄金“T+0 模式”“双向交易机制，可做多做空”“无平仓时间限制”“资金安全”“24 小时交易”“保证金交易，投入资金少”“OTC 制度即时交易”，以及“可自设安全线”的投资特点，结合现货黄金的八大投资特点以及贵金属投资优势，这里分析现货黄金的投资优势，来说明现货黄金市场是有利可追的。

1. 从巨大的交易量中追求利润

黄金市场是全球最大的金融市场之一，且黄金成交量巨大，每天的平均交易量达到 20 万亿美元，这么大的交易量不容易为大户和机构所操控。

现在，我国黄金投资者越来越多，不仅仅是初次投资者，有些在股市郁郁不得志的投资者渐渐也转向黄金投资。

2. 从自由的交易时间中追寻利润

在本书 1.7 节进行过介绍，现货黄金的交易时间是接近 24 小时的全天交易，可随时进行买卖。

这种交易时间的流动性高，不容易出现跳空，有利于投资者在预期的价位买进或卖出。交易时间长，交易日期间几乎连续不断，也就不会因为没有市场流动性而招致更大的损失。当然若持仓过周末则出现跳空情况就另当别论了。

同时，当国际形势或者经济市场有突发事件发生时，若投资者得到消息，完全可以利用黄金市场的避险情绪取得最好的价位投资或平仓，即时取得巨大的利润。正所谓“大炮一响，黄金万两”，说的就是这个道理。

股票投资抛出或买进股票时，必须先有买家或卖家交易才可以实行，而当股市大跌时，抛出者众多，价格低廉无人购入股票，投资者就将面临无限度的亏损，很容易出现当股票大涨的时候，市场却无法买到该股票，令投资者无法进行交易，失去大好机会。

作为现货黄金的投资者却绝无这样有价无市或有市无价的风险，投资者可任意地选择出场时机，不会发生无法出场而被套牢的风险，进而有效地控制了投资者的资金风险。

3. 从保值性和抗通胀性中追求利润

现货黄金的投资目标是黄金的保值性和抗通胀性，黄金的保值性确定了黄金的价值不可能降为零，黄金信息的公平、公开、公正，每日的准确、迅速及透明度极高的国际政治、经济新闻的批报是黄金行情的最佳参考。现货黄金投资可凭借黄金的保值性和抗通胀性来进行投资操作。

4. 从 T+0 交易模式中赚取利润

在本书第 1 章中进行过简单的介绍，现货黄金是实行 T+0 的交易方式，凡在证券（或期货）成交当天办理好证券（或期货）和价款清算交割手续的交易制度，就称为 T+0 交易。通俗说，就是当天买入的证券（或期货）在当天就可以卖出。

当有突发事件时，投资者若得到消息，可在最好的价位投资或平仓。在现货黄金市场中，投资者可以在止损价位平仓，同时做反手，亏损只是一点，具有较大的盈利空间，当然这一切也得以设置好止损并且及时抓住行情为前提。

投资股市则不同，当投资者买进一只股票，很多时候如果当天出现利空消息，当天卖不出去，则只能看到自己的账户亏损而束手无策，第二天若以跌停板开盘，想卖都很难卖出，亏损只能越来越大。

5. 从双边交易规则中赚取利润

在本书 1.7 节介绍过现货黄金的这种交易规则，即双向买卖，可买涨可卖跌，可避免单向操作之规限。

双向交易的优势在于可以使得获利机会增加一倍，所以在现货黄金市场中无论是单边上涨还是单边下跌都可以操作，无论涨还是跌都有获利的机会。

现货黄金市场中不仅可以低买高卖，而且可以在投资者判断黄金会下跌的时候，先卖出，黄金价格下跌后再买入平仓。所以，投资者不但可以在低价买入、高价卖出中获利，也可以从高价先卖出，再低价买回中获利。

双边交易规则也就进一步地说明了现货黄金的优势，既可以买涨也可以买跌，买涨买跌同样获利。

6. 从保证金交易方式中赚取利润

在本书 1.7 节介绍过现货黄金所采用的保证金方式，这样的交易方式投资成本较低，从而实现以小博大。

以小博大的本质是投资者只需用相对较小的一笔资金即可操纵相对大量的黄金。这就是所谓的资金杠杆，以小资金撬动较为昂贵的黄金，即当判断价格上升时，投资者可选择买入建仓，当判断价格下跌时，投资者可选择卖出建仓。

例如，伦敦金最新价格是 1300 美元 / 盎司，投资者判断价格将会上升，选择 1 手伦敦金（1 手即为 100 盎司）买入建仓，因此 1 手伦敦金的实际价值为 130000 美元，但投资者只需运用 1000 美元作为保证金即可交易。

这就是 100 倍的杠杆为投资者带来的投资机会。如果投资者买入一手黄金，那么行情每波动一个点投资者就有盈利 100 美元的机会，这样的交易方式足以带给投资者一个更大的操作空间。

当然杠杆大小也可以根据不同投资者的需求和风险承受能力来进行相应

的调整，正如前文讲解过的，黄金市场上普遍的杠杆大小为 1:100，这也是黄金市场的标准杠杆大小。

10.3　黄金是风险资产的“保护伞”

本书第一章对黄金的知识进行了相关介绍，本节将再次定义黄金的“保值”性能。

黄金，唯一被人们以及投资者追捧的理由就是“保值”，也就是说可以规避风险，尽管最近几年经历了希腊危机、乌克兰武装冲突以及中东地区的紧张局势，但黄金一直在这个背景之下，给货币市场扮演保驾护航的作用。

10.3.1　黄金的历史作用——避风港

黄金传统上被视为避风港，是投资者在面临不确定时期会买入的资产。历史显示，在黄金风险情绪上升的情况下很容易获益，这也就是为何在金融危机之后，黄金的行情走势依然呈现良好趋势，但不久之后却陷入了回落，如图 10-2 所示。

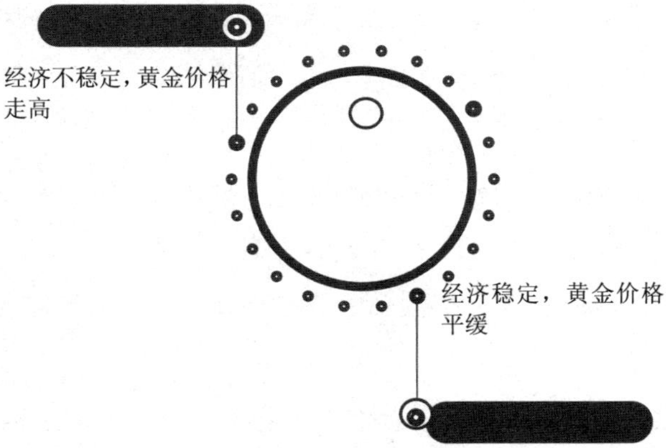

• 图 10-2　经济状况与黄金价格

自 2008 年以后，受美国量化宽松的货币政策以及全球经济复苏不确定性等因素影响，黄金等贵金属价格一路走高，攀升至 1920 美元 / 盎司的高点。

在此之后，黄金的行情便开始了深度回落震荡，这背后主要是美国经济、就业在不断地调整之后得到缓解，风靡一时的黄金结束了其良好趋势。

我们能够看出，金融危机之下，美国大量印钞票，美元不断贬值，消费指数创下新低，黄金在此时却担当了货币中的“救世主”。历史上，黄金就是避险的最佳手段，而本章第二节中提到的“大炮一响，黄金万两”，更是对黄金避险价值的完美诠释，也是表达人们对黄金的热衷，但随着经济的回升，黄金的避险功能会出现降温趋势。

除了黄金带给经济的影响之外，任何一次的战争或者政治局势动荡都会促涨金价（黄金与战争之间的关系，可参考本书第 3 章中“黄金的战争情结”），而突发性的事件往往会让金价短期内大幅飙升。

比如，1980 年 1 月 21 日，黄金价格达到了历史高点 850 美元 / 盎司。其中一个重要的因素就是当时世界局势动乱，以及 1979 年 11 月发生了伊朗扣留美国人质事件，12 月苏联入侵阿富汗，从而使得金价每日以 30–50 美元 / 盎司的速度飙升。

不仅如此，比如第一次海湾战争、9・11 恐怖袭击、美联储量货宽松政策、美元贬值、欧债危机发酵、金融危机等事件的发生，使得黄金一次又一次地成为资金组合当中的“避风港”。

除了黄金在战争或者政治局势动荡中的价格走势，在世界经济金融风雨飘摇的数年当中，黄金在金融资产中的比例不是很大，但是作用却非常明显。

黄金在商品市场活跃、全球经济表现最好的时候，并不是表现最好，但是在商品价格下跌的时候，其又是跌得最少的，甚至是上涨的。黄金对金融市场可以起到一种稳定、平衡保值的作用，都归因于黄金所具有的独特性质。

黄金是一个唯一具有商品和货币双重属性的物品，在全球局势（经济局势、政治局势）有波动的时候，就会凸显出这种货币属性。这种货币属性在金融风暴中已经被进一步地认识。

黄金是唯一独立的金融品，它不代表任何国家、任何一方的信用和债务，但是各种债券、股票却依赖于发行国家、公司甚至个人的信誉，都会给我们的资产带来影响。

黄金是唯一的资产，在任何时候都能够相对和绝对保值。黄金是几千年以前可以作为自由兑换的货币，到今天各国央行仍将其作为重要的部分，在过去几年全球资产贬值中得到了验证，黄金帮助许多国家的外汇储备免予贬值。

其中，黄金在金融资产中的作用，是投资者最为关注的部分。黄金服务于人类已经有 5000 年的历史，经历了一轮又一轮的货币崩溃，以及几乎所有的自然灾害的影响，黄金价格对经济压力做调整，不管是通货膨胀还是通货紧缩，黄金都是保护资产安全的避风港。

尤其是在通货膨胀期间，黄金作为资产的一部分，可以用来躲避风险和减轻金融市场的冲击。1930 年到 1934 年期间，由于 30 年代美国大萧条期间，美元贬值，金价上涨，所有持有黄金者保护他们的财富，黄金作为金融资产的一部分，可以用来躲避风险的冲击。

同时，黄金也是最值得信赖的保值产品，我们可以看到通货膨胀对资产的保值作用，投资大环境的欠佳会影响未来，增加未来通货膨胀的风险，黄金可以免予资产大幅度贬值。

黄金也是资产增值和投资风险的搭配。投资者买黄金一般出于两个原因：一个是希望黄金有增值的潜力；另一个是黄金能够降低投资组合总体的突变性风险。

正因上述两个原因，自 1966 年开始黄金持有量开始缓慢增加，到了 2001 年黄金投资已经成为一种热潮，黄金价格也在 2001 年 3 月达到每盎司 1030 美元。

10.3.2 黄金与其他资产呈相互递增关系

全球经济危机时，黄金的投资价值曾经被各国政府、各类财富基金以及私人投资者认同，无论是发达国家还是发展中国家，都提高对黄金投资组合中的比例，把黄金作为一项重要的投资资产。在当前金融形势下，全球的各类基金机构逐渐涌入投资黄金，数据显示，2017 年 11 月全球黄金 ETF 持仓量已经达到 2357 吨。

回顾黄金自 20 世纪 70 年代以来的表现，货币政策或实际利率是与黄金价格直接博弈的对手，未来利率和风险的变化可能成为黄金表现的关键因素。如果利率回归正常水平，则金融体系的信心大面积恢复，资金流入黄金的状况可能会轻易反转。

黄金和正常利率之间的关系较为明显。作为金融资产，黄金和其他的资产是相互递增的，在经济低迷或者发生金融危机时，黄金可以抵御其他升息资产的风险。

如果没有发生金融危机，欧美以及新兴经济体全局性状况相对稳定，资金则不会更多流入黄金市场；如果在金融危机后欧美以及新兴经济体全局性状况都不如意的情况下，资金则更多会流入黄金市场。

作为避险品种，黄金常常在全局性避险的情况中表现出色，而在相对性避险的状况中不是非常可观。

正如本节前面介绍的，在战争、政治风险以及经济危机之下，黄金却拥有独一无二的避险性能，甚至说“谁拥有的黄金储备量高，谁就在世界上有话语权；谁掌握了黄金价格的定价权，谁就能影响其他货币”，虽然有些夸张，但“挟黄金以令诸国”一直没有被改变。

10.4 投资策略确保投资收益率

在每一次获利中，有用的、可行的策略都是不可或缺的一部分。这种策略在现货黄金投资中的重要性决不亚于跑步策略与比赛在马拉松比赛、网球锦标赛、象棋比赛中的重要性。

10.4.1 投资策略与投资技术

这里所说的策略，包含了图 10-3 中的两个部分。

投资策略与投资技术在现货黄金交易当中尤为重要，并且缺一不可。

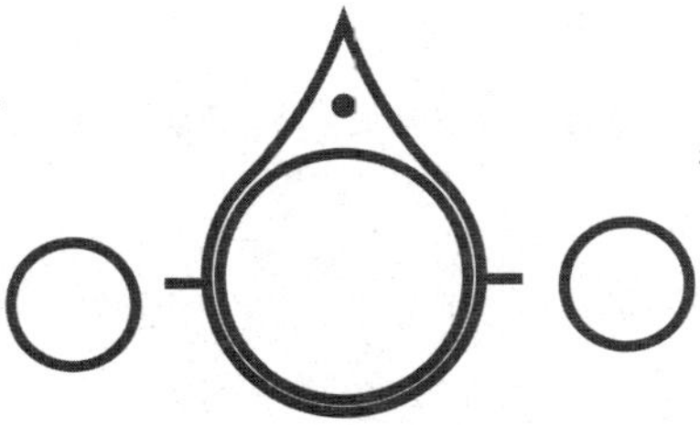

•图 10-3　投资策略与投资技术

然而，在现货黄金的投资市场中，尽管存在很明显的潜在利润以及较高的杠杆效应，但是大多数投资者，包括许多专家，都是以输家而告终。

除了那些虽然只能赚取微利，但交易重大而且只需支付几乎可忽略不计的佣金或结算费用的少数专职操作者外，持续高利投资者大多数是长期的投资者，并且有一套属于自己的投资策略，拥有较高水平的、与投资策略搭配使用的投资技术，在投资过程中一贯地、有约束地运用这套可行的、得到市场验证的投资策略和投资技术。

正确运用投资策略和投资技术在现货黄金投资中尤为重要。的确，很多投资者都知道那些最基本的规则，甚至能够逐字地背诵出一些已经经过验证而且是正确的公理，“与投资做朋友”，“减少你的损失并尽可能地扩大利润”，等等。

这些能致胜的策略有着最基本的形式，也许所有的投资者都能记起来，却不能将两者很好地结合运用。一方面是因为投资者难以找到适合自己的投资策略，并坚持遵守这些投资策略；另一方面是因为投资者的投资技术没有得到市场的长期验证，没有与投资策略相搭配使用。

于是，投资者的投资策略也就难以确保其投资收益率。

10.4.2　克服投资中的“路径依赖”

如果在过去五年到十年内，投资者通过采用某一策略获得了持续的超额收益，那么投资者很难意识到这种策略可能是错误的，即使经历了一两年的失效，大多数投资者也会继续相信并采用这一策略。其原因包括受到沉没成本、个人声誉与心理的多种因素影响。

这种情况是非常普遍的，而且还会引发以下两种现象。

一是“路径依赖”。如果投资者过去所采用的策略，在内外部环境发生变化以后已经失效，这种继续坚守的做法称为“路径依赖”。

二是“均值回归”如果投资者所采用的策略仍然是长期有效的，只是存在盈利高低的周期性，这种情形称为“均值回归”。

因此，所有的问题仍旧回归到投资策略本身。

那么，存不存在过去五年到十年都有效，而很可能将在未来很长时间内失效的策略呢？这个问题的答案是肯定的。

那么，投资者如何确保自己过去成功的投资策略能够持续有效，而不是“路径依赖”呢？这里将从以下的方面进行考虑。

1. 寻找投资策略的本质

路径依赖的核心问题在于对某些核心变量的忽视——因为变量在某一时间段的恒定而忽视了它的重要性以及可能会发生及带来的变化。

因此，最好的解决方法是，寻找投资策略的本质，找到所有重要的核心变量，也就是找到投资策略中起决定因素的部分，并且验证这些决定因素是否发生了变化，或者是错误，或者是已经不再适用于当下的市场。

2. 自我否定与进化

在意识到主要因素发生变化以及策略逐步失效（而不是均值回归）时，要勇于进行自我否定，克服因投资失败带来的恐惧、贪婪等心理障碍。与自我否定相应的便是投资者自己技术水平的不断提高，并不意味着一定要改变自己的核心投资理念，可能更多地只是寻找问题、解决问题。

3. 懂得风险与收益并存

在现货黄金的市场中，冒险是必要的。事实上，很多投资者不曾仔细思考，风险本来就是投资中的一部分。今天所谓的“投机”风险，就如同早在远古时代，古人面对野兽、天气等大自然中众多的敌人。

对于投资中的风险和不确定因素，投资者常常茫然无所知。事实上，很多时候，投资者正是靠着承担风险才能获利，就如投资者若是抓住战争中黄金的避险能力，并在黄金价格上涨的时候建仓，在黄金价格最高的时候清仓，就很容易获利。

甚至有些投资者认为，现货黄金市场中的风险是最影响投资的，但只有在投资者持续赔钱的时候，其才会了解自己是否真正具备在现货黄金市场中生存的能力，因为投资者在持续获利中，是难以看清市场中的风险的。

所以，适切地修正个人心态，调整好投资者与市场风险的关系，也是一项有效的投资利器。

10.4.3　长期有效投资策略的特征

一项长期有效投资策略必须具备以下三个特征。

第一个特征：它是普遍适用的。

第二个特征：它是持续有效的。

第三个特征：它是不断修正和改进的。

策略必须是普遍适用的，不存在有时候不适用、有时候适用的情况。策略也必须是持续有效的，若是投资者每年都更换投资策略，那么没有任何一个投资者能够做到更换的每一个投资策略都有效且获利。

只有不断地修正和改进投资策略，才能保证投资者的投资策略适用于当下的现货黄金市场。

10.4.4　现货黄金投资趋势有增无减

通过本章第一节的介绍，我们了解到国外贵金属市场的成熟发展，以及贵金属发展的重要性。而我国贵金属投资市场的发展才刚刚开始，我国市场庞大的黄金投资内需以及金融市场的不断完善，注定我国贵金属投资市场将存在美好的前景。

同时，我国投资者对参与国际黄金市场非常渴望，而国际投资者对参与我国黄金投资也非常期待。

近年来，国际黄金价格屡创新高，使黄金成为投资者关注的焦点，黄金市场投资需求在快速增加。在国内，黄金已经成为与股票、债券等平行的金融投资工具，投资现货黄金是投资者可以尝试的渠道之一，那么，现货黄金投资与未来趋势是怎样的呢？

答案即投资需求将成为黄金价格走势的重要变量，其变化态势将对黄金价格产生直接影响，现货黄金与其他金融市场联系日益密切，投资者的储蓄将转化为黄金投资，并根据利润最大化的原则，在各个市场间灵活配置。

现货黄金与国际市场关联度提升，国内黄金价格与国际黄金价格的走势越发趋同，国家放开黄金管制不仅使商品黄金市场得以发展，同时也促使金融黄金市场迅速地发展起来，现货黄金作为一种公认的金融资产开始活跃在投资领域。

同时，现货黄金监管法规日趋完善，相关的法律条款将得到加快建立。

可见，现货黄金的投资在我国具有良好的前景，而现货黄金的投资趋势也是有增无减的。

后　记

正是因为黄金以其长期保值增值的特点、良好的抗通胀能力，才逐渐成为新的投资热点和投资者资金的“避风港”。

掌握现货黄金基本面与技术面的分析策略，有利于在“避风港”中扬帆起航，获取投资价值，创造新的辉煌。

这里，要感谢选择黄金投资的投资者以及选择本书的投资者，虽然本书内容到此结束，但是现货黄金投资技术的学习并没有结束，在我的微信公众号“李生论金”以及“新浪微博”中都有对现货黄金的实时分析与操作指导，欢迎广大投资者关注，我会带领投资者一起实战分析现货黄金的走势，指导投资者学习和操作现货黄金。

读 者 意 见 反 馈 表

亲爱的读者：

感谢您对中国铁道出版社有限公司的支持，您的建议是我们不断改进工作的信息来源，您的需求是我们不断开拓创新的基础。为了更好地服务读者，出版更多的精品图书，希望您能在百忙之中抽出时间填写这份意见反馈表发给我们。随书纸制表格请在填好后剪下寄到：北京市西城区右安门西街8号中国铁道出版社有限公司大众出版中心经济编辑部 张亚慧 收（邮编：100054）。此外，读者也可以直接通过电子邮件把意见反馈给我们，E-mail地址是：lampard@vip.163.com。我们将选出意见中肯的热心读者，赠送本社的其他图书作为奖励。同时，我们将充分考虑您的意见和建议，并尽可能地给您满意的答复。谢谢

所购书名：____________________

个人资料：

姓名：__________ 性别：__________ 年龄：__________ 文化程度：__________

职业：__________ 电话：__________ E-mail：__________

通信地址：____________________ 邮编：__________

您是如何得知本书的：

□书店宣传 □网络宣传 □展会促销 □出版社图书目录 □老师指定 □杂志、报纸等的介绍 □别人推荐

□其他（请指明）____________________

您从何处得到本书的：

□书店 □邮购 □商场、超市等卖场 □图书销售的网站 □培训学校 □其他

影响您购买本书的因素（可多选）：

□内容实用 □价格合理 □装帧设计精美 □优惠促销 □书评广告 □出版社知名度

□作者名气 □工作、生活和学习的需要 □其他

您对本书封面设计的满意程度：

□很满意 □比较满意 □一般 □不满意 □改进建议

您对本书的总体满意程度：

从文字的角度 □很满意 □比较满意 □一般 □不满意

从技术的角度 □很满意 □比较满意 □一般 □不满意

您希望书中图的比例是多少：

□少量的图片辅以大量的文字 □图文比例相当 □大量的图片辅以少量的文字

您希望本书的定价是多少：

本书最令您满意的是：

1.

2.

您在使用本书时遇到哪些困难：

1.

2.

您希望本书在哪些方面进行改进：

1.

2.

您需要购买哪些方面的图书？对我社现有图书有什么好的建议？

您更喜欢阅读哪些类型和层次的经管类书籍（可多选）？

□入门类 □精通类 □综合类 □问答类 □图解类 □查询手册类

您的其他要求：